Penguin Random House Verlagsgruppe FSC® N001967

Quellennachweis:
Die Bibeltexte zum Anhören auf den Seiten 9, 10, 34, 51, 58, 76 und die Bibeltexte zum Nachlesen auf den Seiten 34, 42f., 58, 76f. stammen aus: BasisBibel. Das Neue Testament und die Psalmen, © 2021 Deutsche Bibelgesellschaft, Stuttgart.

4. Auflage, 2024
Copyright © 2019 Gütersloher Verlagshaus, Gütersloh,
in der Penguin Random House Verlagsgruppe GmbH,
Neumarkter Str. 28, 81673 München

Gesamtlayout: Tordis-Sophie Günter
Bildmaterial: www.pixabay.com
Druck und Bindung: PB Tisk, a.s., Pribram
Printed in Czech Republic
ISBN 978-3-579-07444-3
www.gtvh.de

Konfis auf Gottsuche
Der Kurs
Arbeitsbuch für Konfis

Hans-Ulrich Keßler und Burkhardt Nolte

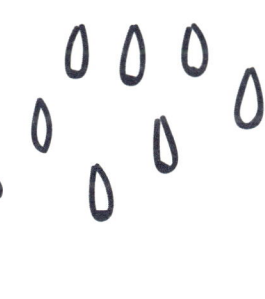

»Hallo Konfi!«

Das Buch, das du jetzt gerade liest, ist kein gewöhnliches Buch. Es funktioniert am besten zusammen mit einem Smartphone, auf dem ein QR-Reader installiert ist. Hast du ein Smartphone? Kannst du dir eins leihen? Hat jemand in der Konfi-Gruppe ein Handy, das du mitbenutzen kannst?

Warum du ein Smartphone, Laptop oder PC mit Internetanschluss brauchst? Weil du dieses Buch nicht nur lesen, sondern auch hören und sehen kannst. Es verbindet dich mit Audio- und Filmclips, mit Spielkarten zu Themen usw. Um diese Möglichkeiten zu nutzen, kannst du entweder die QR-Codes mit deinem Smartphone scannen. Oder du folgst den Links unter den QR-Codes. Achtung: Ergänze die Linkinformation jeweils durch ein vorangestelltes *www.konfisaufgottsuche.de* (z.B. www.konfisaufgottsuche.de/Kap0101).

Außerdem wirst du in diesem Buch rumkritzeln, Seiten ausschneiden, andere Seiten einkleben und vieles mehr. Am Tag deiner Konfirmation wirst du es nicht wiedererkennen: Es wird zerfleddert, verbogen, zerschnitten und dicker sein. Es wird dein persönliches Buch sein, in dem du Dinge festhältst, die nur dich etwas angehen. Jede Wette: in zehn oder 15 Jahren wirst du es aus irgendeiner Kiste wieder hervorkramen und darin lesen wollen.
Dieses Buch sagt dir (fast) immer, was du alles damit machen kannst. Und wie das mit den QR-Codes funktioniert, werdet ihr in der Gruppe gemeinsam sehr schnell herausfinden.

Erklären müssen wir eigentlich nur eine einzige Sache:
Bitte schlag mal eben die Seiten 70/71 auf – und komm dann wieder hierhin zurück. »Jesus Akte« sind die Seiten überschrieben. Dabei geht's um Folgendes: Bitte sammle alle Infos, die du im Konfi-Unterricht, in der Schule, im Internet oder sonstwo über Jesus finden

kannst, und halte sie auf diesen beiden Seiten fest. Wann immer du Zeit und Lust dazu hast. Wann immer dir mehr oder weniger zufällig eine Info über Jesus begegnet. Die Seiten helfen dir, die Infos zu sortieren.

Wofür brauchst du die »Jesus Akte«? Gegen Ende eurer Konfi-Zeit werdet ihr den Gerichtsprozess gegen Jesus, der vor rund 2000 Jahren stattgefunden hat, noch einmal aufrollen. Ihr werdet herausfinden, ob Jesus damals eigentlich zu Recht verurteilt worden ist. Und für diesen Prozess brauchst du so viele Infos wie möglich! Denn du wirst Anklägerin, Verteidiger oder Zeugin bzw. Zeuge in dem Gerichtsprozess sein. Also: Sammle, was das Zeug hält! Dann bist du gut auf den Prozess vorbereitet!

Jetzt wünschen wir dir erst einmal eine Konfizeit, die sich für dich lohnt. Weil sie dir Spaß macht! Weil die Gruppe eigentlich ganz ok ist! Weil sie dich dabei unterstützt, das Leben zu leben, das du wirklich leben willst. Mach's gut!

Burkhardt und Hans

Wir sind Nelli und Leon.

Wir sind Teamer in der Konfi-Arbeit. Wir begleiten euch in eurer Konfizeit mit Video-Clips zu jedem Thema. Hier könnt ihr uns schon mal ein bisschen kennen lernen.

Viel Spaß!

/Kap0002

… schau dir doch einfach unser Video an!

GOTTmach dir (k)ein BILD

»Worum es hier geht ...«

/Kap0101

… hier kannst du dir ansehen, was Leon zum Thema sagt. Viel Spaß!

»Deine Meinung zum Clip«

1. Mach ein Kreuz auf der Linie zwischen den Daumen: Wie findest du den Clip?

 _____

2. Wie hast du dir Gott vorgestellt, als du im Kindergarten oder in der Grundschule warst? Ein Stichwort dazu:

_____

_____

3. Hat sich dein Bild von Gott seit damals verändert? Wie? Ein Stichwort dazu:

_____

_____

»Mach was ...«

Sammelkiste Gottesbilder: Hier kannst du deine Ideen zu Gottesbildern festhalten - als Skizze oder mit einem Stichwort.

Viele Lieder stecken voller Bilder von Gott. Der QR-Code führt dich zu einer Spotify-Playlist. Hör mal rein.

Vielleicht kriegst du eine Idee ...

/Kap0105.pdf

»Was aus der Bibel ...«

/Kap0103

Text zu lang zum Lesen?
Hier kannst du ihn dir anhören.

Psalm 23:

»HERR ist mein Hirte. Mir fehlt es an nichts.
Auf saftig grünen Weiden lässt er mich lagern.
...

Und muss ich durch ein finsteres Tal,
fürchte ich kein Unglück.
Denn du bist an meiner Seite!
...

Du deckst für mich einen Tisch,
vor den Augen meiner Feinde.
...

Nichts als Liebe und Güte
begleiten mich alle Tage meines Lebens.«

Text zu lang zum Lesen?
Hier kannst du ihn dir anhören.

/Kap0104

Das Evangelium nach Lukas, Kapitel 14, Verse 16ff.:

Im Evangelium von Lukas wird die folgende Geschichte von Jesus selbst erzählt. Er erzählt sie in folgender Situation: Jesus ist bei einem der religiösen Führer seiner Zeit zu einem Essen eingeladen. Außer Jesus hat dieser Mensch so ziemlich alle Ton angebenden Personen aus dem Ort eingeladen. Alle mit Rang und Namen waren gekommen. In dieser Situation erzählt Jesus dem Gastgeber folgende Geschichte; für Jesus war es eine Geschichte, die davon erzählt, wie Gott ist:

»Ein Mann veranstaltete ein großes Festessen und lud viele Gäste ein.
Als das Fest beginnen sollte, schickte er seinen Diener los und ließ den Gästen sagen: ›Kommt, jetzt ist alles bereit!‹ Aber einer nach dem anderen entschuldigte sich.
Der erste sagte zu ihm: ›Ich habe einen Acker gekauft. Jetzt muss ich unbedingt gehen und ihn begutachten. Bitte, entschuldige mich!‹
Ein anderer sagte: ›Ich habe fünf Ochsengespanne gekauft und bin gerade unterwegs, um sie genauer zu prüfen. Bitte, entschuldige mich!‹
Und wieder ein anderer sagte: ›Ich habe gerade erst geheiratet und kann deshalb nicht kommen.‹
Der Diener kam zurück und berichtete alles seinem Herrn. Da wurde der Hausherr zornig und sagte zu seinem Diener: ›Lauf schnell hinaus auf die Straßen und Gassen der Stadt. Bring die Armen, Verkrüppelten, Blinden und Gelähmten hierher.‹
Bald darauf meldete der Diener: ›Herr, dein Befehl ist ausgeführt, aber es ist immer noch Platz.‹
Da sagte der Herr zu ihm: ›Geh hinaus aus der Stadt auf die Landstraßen und an die Zäune. Dränge die Leute dort herzukommen, damit mein Haus voll wird!‹
Denn das sage ich euch: Keiner der Gäste, die zuerst eingeladen waren, wird an meinem Festessen teilnehmen!«

»Ideen für Gottesbilder-Fliesen«

A	W	A	C	H	S	E	N	K	Y	A	L	B	R
K	S	C	P	S	A	H	U	X	R	B	A	W	A
J	U	L	A	C	H	E	N	F	A	E	O	E	V
R	A	E	W	H	N	M	L	B	A	S	J	I	K
Z	I	A	G	W	A	H	E	Z	M	C	P	N	V
E	D	O	N	E	G	I	K	U	A	H	A	E	A
R	J	B	A	I	F	U	A	G	L	U	Z	N	U
S	A	V	M	G	Z	R	F	U	A	L	X	I	F
T	Z	I	X	E	A	E	H	C	L	D	A	O	B
O	J	A	V	N	C	D	G	K	E	I	M	N	A
E	A	U	Z	F	G	E	A	E	B	G	W	A	U
R	K	S	I	D	X	N	T	N	U	E	C	M	E
E	P	R	W	F	L	A	P	O	Z	N	R	A	N
N	S	E	D	H	A	S	S	E	N	F	H	G	J
H	E	I	L	E	N	J	K	R	W	V	O	P	F
P	O	S	Q	R	B	N	L	H	E	L	F	E	N
A	J	S	K	T	R	O	E	S	T	E	N	Z	M
L	I	E	B	E	N	B	H	T	F	U	Q	X	O
A	P	N	Z	M	F	S	T	R	A	F	E	N	R

»Lies was, guck was ...«

/Kap0102

Hier geht's zum
Video mit Leon.

Play

•REC

Hier kannst du dir das Video ansehen:
https://www.youtube.com/watch?v=oP59tQf_njc
(oder Stichwort: Spin, Film von Jamin Winans)

»Hier hast du das Sagen ...«

Du hast jetzt eine Menge Ideen dazu gesammelt, wie Gott eigentlich ist. Wenn du willst, kannst du deinen Brief an Gott in einen Umschlag stecken und hier einkleben. Dann weißt du immer, wo er ist, und verlierst ihn nicht.

Vielleicht willst du ja in zwei oder drei Jahren noch mal lesen, was du heute geschrieben hast.

JESUS AKTE

Akte Seite 70/71 vervollständigen

NICHT VERGESSEN

13

Teil 1

Wie wird das Leben gut?

»Worum es hier geht ...«

/Kap0201

... hier kannst du dir ansehen,
was Nelli zum Thema sagt.
Viel Spaß!

»Deine Meinung zum Clip«

1. Mach ein Kreuz auf der Linie zwischen den Daumen:
Wie findest du den Clip?

 _____

2. Frei sein und Zäune. Wie passt das zusammen?

_____

_____

_____

»Mach was ...«

Die Welt vor 3000 Jahren

/Kap0210.pdf

/Kap0207.pdf

/Kap0209.pdf

/Kap0208.pdf

/Kap0205.pdf

/Kap0206.pdf

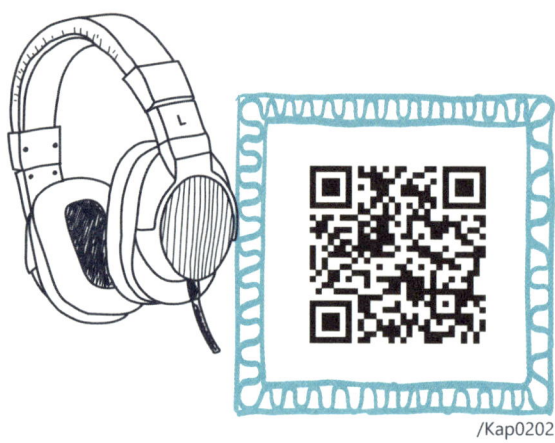

/Kap0202

Hier kannst du dir ansehen, was
Nelli zum Thema sagt.

Jesus-Sätze

11 Genau wie ihr behandelt werden wollt, behandelt auch die anderen.
(Matthäus Kapitel 7, Vers 12)

12 Was nützt es dem Menschen, wenn er die ganze Welt gewinnt und dann doch Schaden an seiner Seele nimmt?
(Matthäus Kapitel 16, Vers 26)

13 Liebt eure Feinde.
(Matthäus Kapitel 5, 44)

14 Ihr könnt nicht zwei Herren gleichzeitig dienen … Ihr könnt nicht gleichzeitig Gott und dem Geld dienen!
(Matthäus Kapitel 6, Vers 24)

»Hier hast du das Sagen ...«

Meine TOP 5-Sätze:

REGELN, DIE DIE WELT UNBEDINGT BRAUCHT

JESUS AKTE

Akte Seite 70/71 vervollständigen

NICHT VERGESSEN

21

Beten
?ist
wie...

»Worum es hier geht ...«

/Kap0301

… hier kannst du dir ansehen, was Nelli zum Thema sagt. Viel Spaß!

»Deine Meinung zum Clip«

1. Mach ein Kreuz auf der Linie zwischen den Daumen: Wie findest du den Clip?

 _____

2. Was ist deine Meinung: Funktioniert Beten?

_____

_____

3. Denk noch mal nach: Würdest du wirklich gerne in einer Welt leben, in der Beten funktioniert?

_____

_____

»Mach was ...«

Dein Parcour

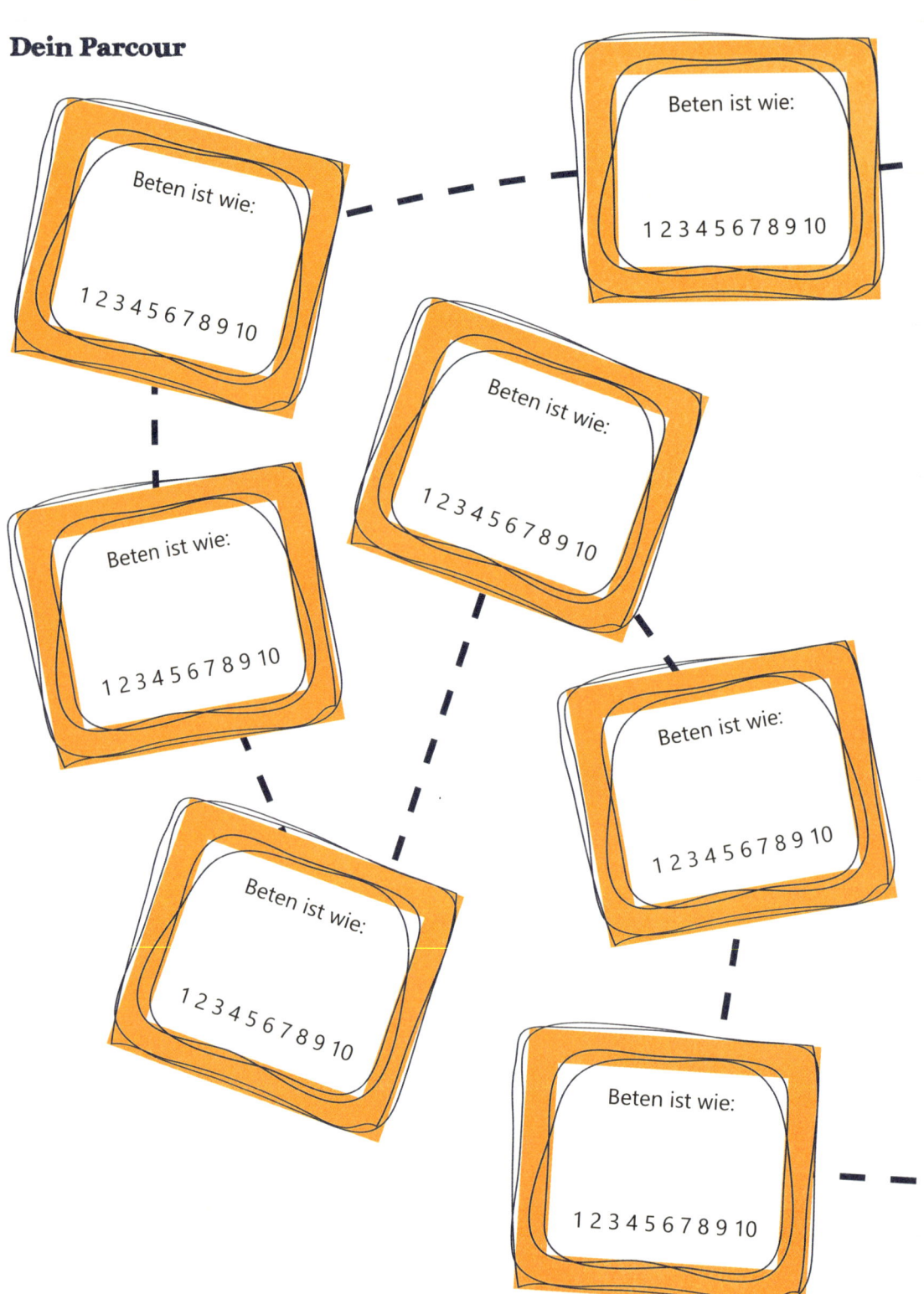

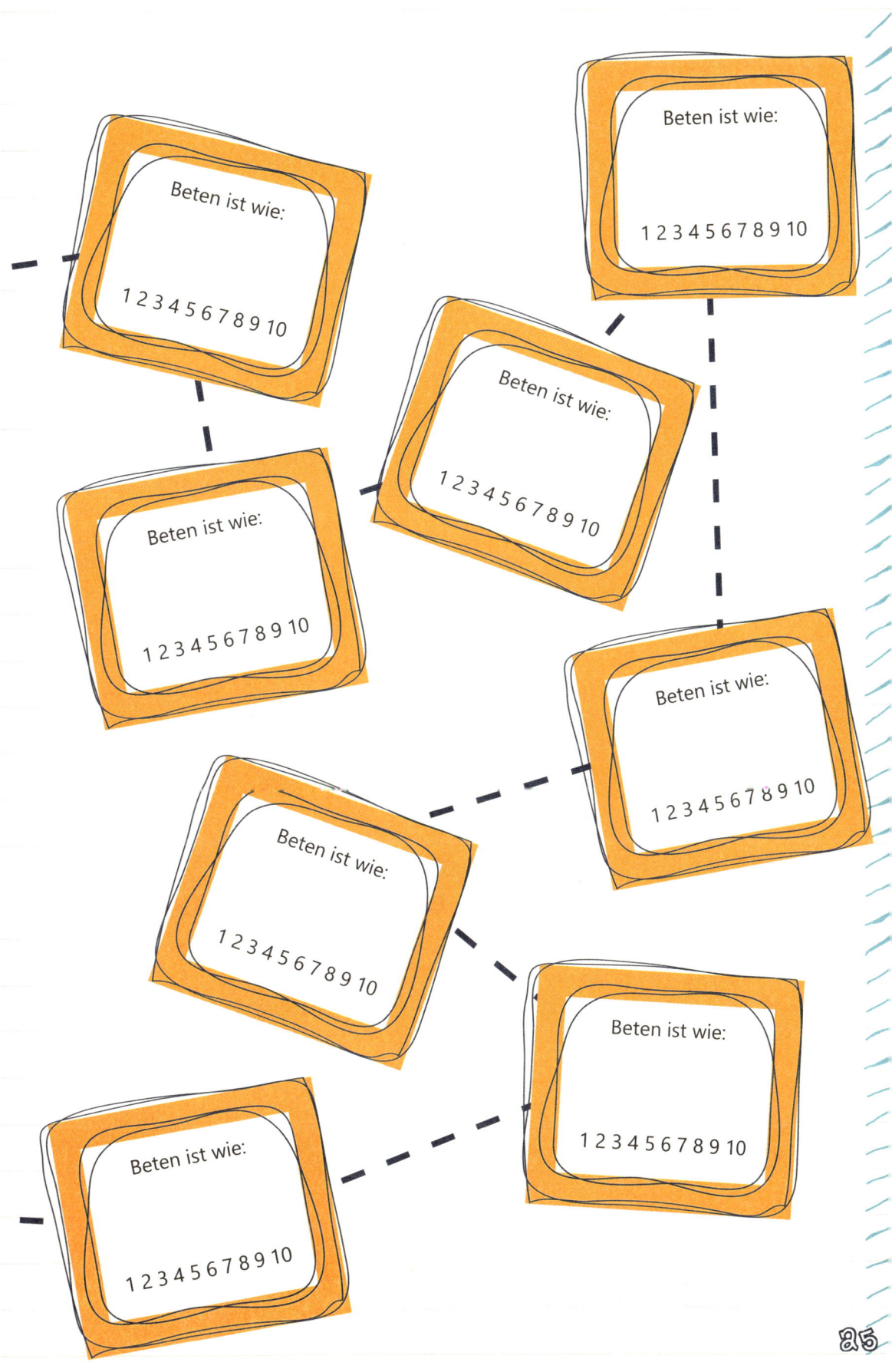

Beten ist wie:

1 2 3 4 5 6 7 8 9 10

Beten ist wie:

1 2 3 4 5 6 7 8 9 10

Beten ist wie:

1 2 3 4 5 6 7 8 9 10

Beten ist wie:

1 2 3 4 5 6 7 8 9 10

Beten ist wie:

1 2 3 4 5 6 7 8 9 10

Beten ist wie:

1 2 3 4 5 6 7 8 9 10

Beten ist wie:

1 2 3 4 5 6 7 8 9 10

Beten ist wie:

1 2 3 4 5 6 7 8 9 10

»Mach was ...«

Mach einen Handstand.
Halte ihn für mindestens
45 Sekunden. Brauchst du Hilfe?
Dann such dir 1,2,3 Leute, die
dich dabei unterstützen!

Stationenaufbau – so geht's:

Baut eine Station für die anderen Konfis. Sie sollen daran

- sehen
- erfahren
- spüren
- erleben können

wie beten für euch ist.

Folgende Fragen müsst ihr klären:
Welches Material benötigt unsere Station? Woher bekommen wir das?
Vom Materialtisch? Im oder um das Gemeindehaus? Wen müssen wir fragen?
Braucht unsere Station eine Erklärung, damit alle verstehen können, was sie tun müssen?
Alle wichtigen Infos zur Stationsdurchführung schreibt bitte auf ein Blatt und hängt dieses neben eure Station.

Drei wichtige Regeln müsst ihr beachten:
1. Es darf nichts kaputt gehen.
2. Das Haus muss nach unserer Arbeit wieder so hergerichtet werden, wie es war.
3. Gebt eurer Station keinen (!) Namen.

»Was aus der Bibel ...«

1 Jesus hatte große Angst zu sterben und betete deshalb noch eindringlicher.

Lukas-Evangelium Kapitel 22, Vers 44

2 Eines Tages wurden Kinder zu Jesus gebracht. Er sollte sie segnen und für sie beten.

Matthäus-Evangelium Kapitel 19, Vers 13

3 Bleibt immer wachsam und betet, damit ihr stark bleibt.

Lukas-Evangelium Kapitel 21, Vers 36

4 Jesus stieg allein auf einen Berg, um zu beten.

Matthäus-Evangelium Kapitel 14, Vers 23

5 Und Jesus betete zum dritten Mal mit denselben Worten.

Matthäus-Evangelium Kapitel 26, Vers 44

6 Jesus erzählte, wie wichtig es ist, Gott so lange zu bitten, bis er antwortet.

Lukas-Evangelium Kapitel 18, Vers 1

7 Und Jesus warf sich auf die Erde und betete: »Mein Vater, bewahre mich vor diesem Leid! Aber nicht mein Wille, sondern dein Wille soll geschehen.«

Matthäus-Evangelium Kapitel 26, Vers 39

8 »Hab keine Angst! Gott hat dein Gebet erhört.«

Lukas-Evangelium Kapitel 1, Vers 13

9 Wenn ihr Gott bittet, wird er euch geben.

Matthäus-Evangelium Kapitel 7, Vers 7

»Lies was, guck was ...«

/Kap0302

Hier geht's zum Video mit Nelli.

Zitate zum Beten

Gebet ist das Atemholen der Seele.
(John H. Newman)

Bete, als helfe kein Arbeiten. Arbeite, als helfe kein Beten.
(Deutsches Sprichwort)

Fürbitten heißt: jemandem einen Engel senden.
(Martin Luther)

Die Kraft des Menschen ist das Gebet. Beten heißt, sich Gott anvertrauen.
(Dietrich Bonhoeffer)

JESUS AKTE
Akte Seite 70/71 vervollständigen
NICHT VERGESSEN

_____

Ort, Datum

Liebe*r

Heute schreibe ich dir einen Brief über das Beten! Für mich ist heute

Beten wie _____ .

Dazu fällt mir folgende Geschichte ein:

Herzliche Grüße,

dein*e

Teil 2

Wie wird das Leben gut?

»Worum es hier geht ...«

/Kap0401

... hier kannst du dir ansehen, was Nelli zum Thema sagt. Viel Spaß!

»Deine Meinung zum Clip«

1. Mach ein Kreuz auf der Linie zwischen den Daumen: Wie findest du den Clip?

 ———————————————————————

2. Nelli stellt fest:

a) Da gibt es Dinge in ihrem Leben, für die sie selbst sorgen muss. Diskutiere kurz mit den anderen in deiner Gruppe, was das sein könnte.

b) Und es gibt Dinge, die sie nur von anderen geschenkt bekommen kann. Könnt ihr auch dafür Beispiele finden?

Was meinst du: Sind die Dinge unter a) oder die unter b) am wichtigsten im Leben? Mach ein Kreuz zu deiner Meinung auf der Linie – die Mitte haben wir absichtlich gesperrt ☺:

A  B

»Mach was ... «

Dafür kann ich selbst sorgen

Summe:

32

»Mach was ...«

Kann ich nur von anderen kriegen

Summe:

»Was aus der Bibel ...«

Die Geschichte vom reichen Kornbauern
(aus dem Lukas-Evangelium, Kapitel 12)

Jesus erzählt:
»Die Felder eines reichen Grundbesitzers
brachten eine besonders gute Ernte.
Da überlegte er:
›Was soll ich tun?
Ich habe nicht genug Platz,
um meine Ernte zu lagern.‹
Schließlich sagte er sich:
›So will ich es machen:
Ich reiße meine Scheunen ab
und baue größere.
Dort werde ich dann das ganze Getreide
und alle meine Vorräte lagern.
Dann kann ich mir sagen:
Nun hast du riesige Vorräte,
die für viele Jahre reichen.
Gönne dir Ruhe!
Iss, trink
und genieße das Leben!‹

/Kap0403

Willst du wissen,
wie es weiter geht?
Hör's dir an!

1. Warum wird der Kornbauer »Narr« genannt?
   Tragt hier eure Vermutungen ein.

   _____

   _____

2. Was denkst du? Ist der Kornbauer wirklich ein Narr?

Text 1:	Text 2:

Hilfe für den »Narr«

leisten-anstrengen-chillen-Freunde treffen-besitzen-Geld haben-
ausruhen-Party machen-anstrengen-arbeiten-Gott-Jesus-
selber machen-von anderen bekommen

Aufgabe:

Führt mit dem Kornbauern ein Gespräch über die Frage: Wie wird das Leben gut?
Bedingung: Mindestens fünf der Begriffe müssen in eurem Gespräch vorkommen.

»Lies was, guck was ...«

/Kap0402

QR-Code zum Video

Der arme Fischer
Nach einer Erzählung von Heinrich Böll

In einem Hafen liegt ein ärmlich gekleideter Mann in seinem Fischerboot und döst. Daneben ein schick angezogener Tourist, der das idyllische Bild fotografiert: blauer Himmel, grüne See mit friedlichen schneeweißen Wellenkämmen, schwarzes Boot, rote Fischermütze.

Der Tourist sagt zum Fischer: »Sie werden heute einen guten Fang machen.« Kopfschütteln des Fischers.

»Aber man hat mir gesagt, dass das Wetter günstig ist.« Kopfnicken des Fischers.

»Sie werden also nicht ausfahren?«

Kopfschütteln des Fischers, steigende Nervosität des Touristen.

»Oh, Sie fühlen sich nicht wohl ?«, vermutet der Tourist.

»Ich fühle mich großartig«, sagt der Fischer. »Ich habe mich nie besser gefühlt. Ich fühle mich phantastisch.«

Der Tourist fragt etwas verwirrt: »Aber warum fahren Sie dann nicht raus?«

Die Antwort kommt prompt und knapp. »Weil ich heute morgen schon ausgefahren bin.«

»War der Fang gut?«

»Er war so gut, dass ich nicht noch einmal auszufahren brauche, ich habe vier Hummer in meinen Körben gehabt, fast zwei Dutzend Makrelen gefangen. Ich habe sogar für morgen und übermorgen genug.«

»Ich will mich ja nicht in Ihre persönlichen Angelegenheiten mischen«, sagt der Tourist, »aber stellen Sie sich mal vor, ...«

/Kap0404

Hör dir hier an,
wie es weiter geht.

»Hier hast du das Sagen ...«

Zeit zum Meditieren

Worum es geht

In dieser Methode - sie heißt »Naikan« und kommt aus Japan - geht es um folgende Schritte:

1. Du brauchst einen Platz, an dem du ungestört bist (z.B. dein Zimmer).

2. Du kannst zehn Minuten meditieren, aber auch 60.

3. Gehe zwei Fragen nach: Frage 1: Was haben meine Mutter, mein Vater, meine Schwester, mein Bruder, meine Freundinnen und Freunde und wer für mich noch wichtig ist mir im letzten Monat Gutes getan? Frage 2: Was habe ich ihnen im letzten Monat Gutes getan?

4. Konzentriere dich und schweife nach Möglichkeit nicht ab. Das kannst du für jede wichtige Person tun, z.B. für deine Mutter, dann für deinen Vater, deine Geschwister, deinen besten Freund oder deine beste Freundin usw. Der Clou dabei ist, dass wir eigentlich Profis darin sind, recht schnell danach zu fragen, was die mir Böses angetan haben oder worüber ich mich bei ihnen aufrege oder wie die mich nerven. Wir lassen diese Sachen aber einfach mal links liegen.

5. Am besten ist es, wenn du dabei die Augen schließt.

6. Hoffentlich tut dir das gut.

JESUS AKTE

Akte Seite 70/71 vervollständigen

NICHT VERGESSEN

NEUGIERIG
auf Kirche !?

»Worum es hier geht ...«

/Kap0501

... hier kannst du dir ansehen, was Nelli zum Thema sagt. Viel Spaß!

»Deine Meinung zum Clip«

1. Mach ein Kreuz auf der Linie zwischen den Daumen: Wie findest du den Clip?

 ―――――――――――――――――――――――

2. Manche Menschen sagen: Ohne Kirche und Glauben würde es uns besser gehen. Warum sagen die das?

_____

3. Findest du, dass sie recht haben?

☐ Ja   ☐ Nein

4. Stell dir vor, ab nächste Woche gibt es keine Kirche mehr. Würdest du etwas vermissen? Was?

_____

»Mach was ...«

Steckbriefe

In deinem Praktikum wirst du einige Menschen kennenlernen, die an unterschiedlichen Veranstaltungen deiner Kirchengemeinde teilnehmen und/oder sich in deiner Kirchengemeinde engagieren.

Erstelle für drei Personen einen Steckbrief.

Schneide diese anschließend aus. Auf den Seiten 42/43 siehst du, wie es damit weitergeht.

Steckbrief	Steckbrief	Steckbrief
✒ Name: _____ _____	✒ Name: _____ _____	✒ Name: _____ _____
✒ Alter: _____	✒ Alter: _____	✒ Alter: _____
✒ Beruf: _____	✒ Beruf: _____	✒ Beruf: _____
✒ Ein Satz über Frau/Herrn _____: _____ _____ _____ _____ _____	✒ Ein Satz über Frau/Herrn _____: _____ _____ _____ _____ _____	✒ Ein Satz über Frau/Herrn _____: _____ _____ _____ _____ _____
✒ Das sagt Frau/ Herr _____ zu dem Thema »Ohne Kirche ginge es uns besser!«: _____ _____ _____ _____	✒ Das sagt Frau/ Herr _____ zu dem Thema »Ohne Kirche ginge es uns besser!«: _____ _____ _____ _____	✒ Das sagt Frau/ Herr _____ zu dem Thema »Ohne Kirche ginge es uns besser!«: _____ _____ _____ _____

»Mach was ...«

Praktikum-Beobachtungsbogen

▾ ✕
Am **Langweiligsten** fand ich in meinem Praktikum

▾ ✕
Das fand ich **toll**

▾ ✕
Womit ich **nicht gerechnet** habe

▾ ✕
Das hat mich **geärgert**

▾ ✕
Ich hätte es **besser** gefunden, wenn

▾ ✕
Das hat mich **berührt**

sind. 24 Unsere anständigen Körperteile haben das nicht nötig. Doch Gott hat den Leib zusammengefügt. Er hat dafür gesorgt, (…)

Hast du deine Steckbriefe fertig gestellt?
Gut. So geht's jetzt weiter:

1. Lies dir den Text einmal durch, der die Figur umrandet. In dem Text wird das, was Kirche eigentlich sein soll, im Bild eines Körpers dargestellt. Die Idee dahinter ist: Die Menschen in der Kirche verhalten sich zueinander wie die einzelnen Teile eines Körpers. Es gibt Menschen, die wie ein Mund sind (weil sie vielleicht Gutes zu sagen haben) oder wie das Herz sind (z.B. weil sie ein »Herz« für andere Menschen haben).

wir uns wegen bestimmter Körperteile schämen, achten wir darauf, dass sie anständig bedeckt

2. Überlege jetzt Folgendes: Wenn Herr/Frau ... ein Teil in diesem Körper wären, welches wären sie wohl?
3. Klebe den Steckbrief dann auf der Seite so auf, dass deutlich wird, an welcher Stelle des Körpers du diese Person siehst.
4. Wenn du magst, kannst du zusätzlich noch einen Steckbrief für eine/n Mitkonfi erstellen. An welcher Stelle des Körpers positionierst du sie/ihn?

Körpers, die wir für weniger ansehnlich halten, kleiden wir mit besonderer Sorgfalt. Und wer...

43

»Mach was ...«

JESUS AKTE
- NICHT VERGESSEN -
Akte Seite 70/71 vervollständigen

Auswertung

Alle Beobachtungen, Begegnungen usw. sollen
dir dabei helfen, deine eigene Position zu
der Frage: »Ginge es uns ohne Kirche eigentlich
besser?« zu schärfen. Deshalb ist es gut, dass
du nicht nur Personen aus deiner Kirchengemeinde
dazu befragst oder mit ihnen zusammen arbeitest,
sondern auch Leute, die noch einmal einen anderen Blick haben:
Deine Eltern, Freunde von dir oder auch Lehrer*innen von dir oder
andere Personen. Bitte trage deine Ergebnisse hier ein.

Ging's uns ohne Kirche eigentlich besser? Was sagen andere Menschen?

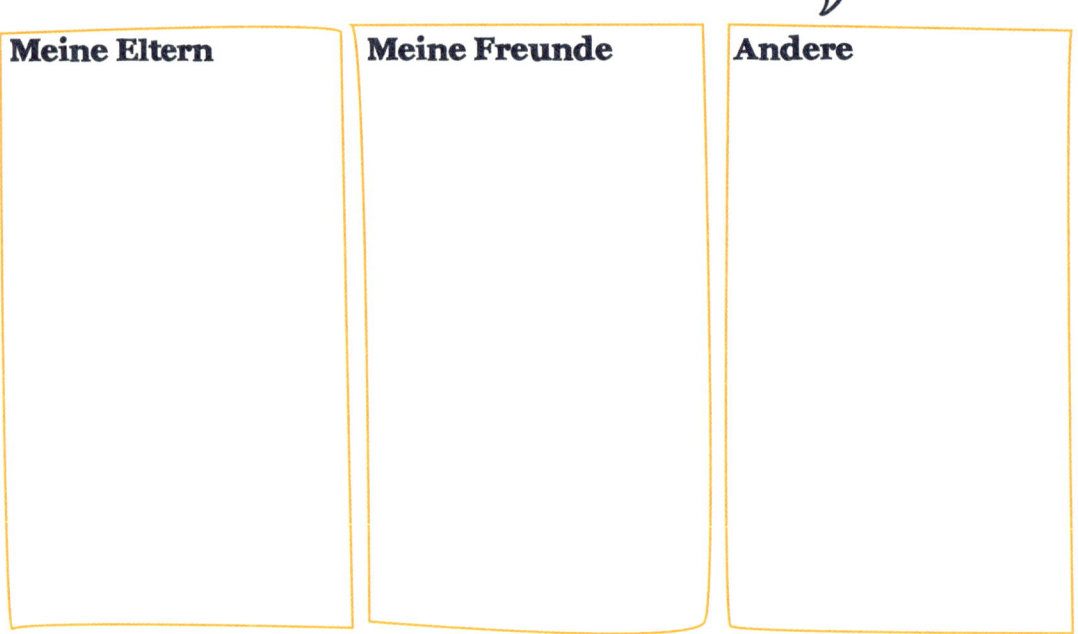

Meine Eltern	Meine Freunde	Andere

Mein Abschluss-Statement

☐ Ohne Kirche ginge es allen besser
☐ Menschen brauchen Kirche

Hat sich etwas nach meinem Praktikum verändert im Vergleich zu
meiner spontanen Antwort auf S.39? Meine kurze Begründung:

»Hier hast du das Sagen ...«

/Kap0502

... hier kannst du dir ansehen, was Nelli zum Thema sagt. Viel Spaß!

Mein Abschluss-Bericht für den Kirchenvorstand:

Das finde ich toll in unserer Kirchengemeinde

Das muss anders werden

Dafür braucht es neue Ideen

Diese Körperteile sind in unserer Kirchengemeinde gut vertreten

Diese Körperteile fehlen aus meiner Sicht

Was mir sonst noch wichtig ist

Kannst du herausfinden, was das Zeichen bedeutet? Falls nicht: Irgendwo im Buch haben wir es dir aufgeschrieben!

SCHULD & Vergebung

»Worum es hier geht ...«

/Kap0601

... hier kannst du dir ansehen, was Nelli zum Thema sagt. Viel Spaß!

»Deine Meinung zum Clip«

1. Mach ein Kreuz auf der Linie zwischen den Daumen: Wie findest du den Clip?

 _____

2. Nimm dir einen Augenblick Zeit zum Nachdenken: Was erlebst du als häufigste Reaktion darauf, dass jemand an einem anderen schuldig wird?

a) Der oder die, die schuldig geworden ist, wird bestraft.

b) Der oder die, die schuldig geworden ist, muss etwas wieder gut machen.

c) Dem oder der, die schuldig geworden ist, wird vergeben.

»Mach was ... «

Zeig mir dein Gesicht. Das Jenny-Spiel

Das sind die drei Hauptrollen im Spiel

Jenny ist 17. In ein paar Monaten feiert sie ihren 18. Geburtstag. Sie wohnt in einem kleinen Dorf irgendwo in Deutschland. Wenn sie ins Kino oder auf eine Clubparty möchte, muss sie über eine Stunde mit dem Bus fahren. Einen Motorroller zu kaufen, haben ihr ihre Eltern schon vor zwei Jahren verboten. Jenny geht in die 12. Klasse der Gesamtschule, die in der benachbarten Kleinstadt liegt. Schule macht ihr im Moment nur noch wenig Spaß. Jenny träumt von einem Leben in einer großen Stadt, am besten in Berlin, wo richtig was los ist.

Seit Jenny in die Schule geht, arbeitet ihre **Mutter** wieder als Verkäuferin in einer Bäckerei. Wenn sie nach der Arbeit nach Hause kommt, ist sie meistens ziemlich müde. Sie erwartet von Jenny, dass sie sich um ihre eigenen Sachen selbst kümmert: Zimmer aufräumen, Kleidung waschen usw. Eigentlich hatte sie immer eine gute Beziehung zu Jenny.

Jennys **Vater** arbeitet als Leiter der Zweigstelle der Sparkasse im Dorf. Er muss häufig Überstunden machen. Im Dorf ist er eine von allen respektierte Person. Er hat sich den Ruf erworben, ein fairer und hilfreicher Mann zu sein. Einige Dorfbewohner hat er schon durch seine gute Schuldnerberatung vor dem finanziellen Ruin bewahrt. Auch gegenüber Jenny bemüht er sich, fair und hilfreich zu sein. Zugleich erwartet er von ihr, dass sie sich verantwortlich verhält.

Spielregeln

In diesem Spiel entscheidet ihr über das **Schicksal von Jenny**: Wie wird ihr Leben in drei Jahren, wenn sie 20 ist, aussehen?
Während des Spiels werdet ihr nach und nach die **Regeln** kennen lernen. Deshalb könnt ihr gleich anfangen zu spielen und müsst nicht noch lange irgendwelche Anleitungen lesen.
Wichtig ist nur noch eins: Ihr spielt dieses Spiel als Gruppe. Darum müssen bei allen Schritten, die ihr machen werdet, alle aus eurer Gruppe beteiligt sein. Bestimmt jetzt einen oder eine, die darauf achten wird!
Wenn ihr ihn oder sie gefunden habt, geht's hier weiter.
Viel Spaß!

Starte hier!

2
/Kap0605.pdf

3
/Kap0606.pdf

4
/Kap0607.pdf

5
/Kap0608.pdf

8
/Kap0611.pdf

6
/Kap0609.pdf

9
/Kap0612.pdf

10
/Kap0613.pdf

7
/Kap0610.pdf

11
/Kap0614.pdf

13
/Kap0616.pdf

14
/Kap0617.pdf

15
/Kap0618.pdf

12
/Kap0615.pdf

16
/Kap0619.pdf

20
/Kap0623.pdf

17
/Kap0620.pdf

19
/Kap0622.pdf

18
/Kap0621.pdf

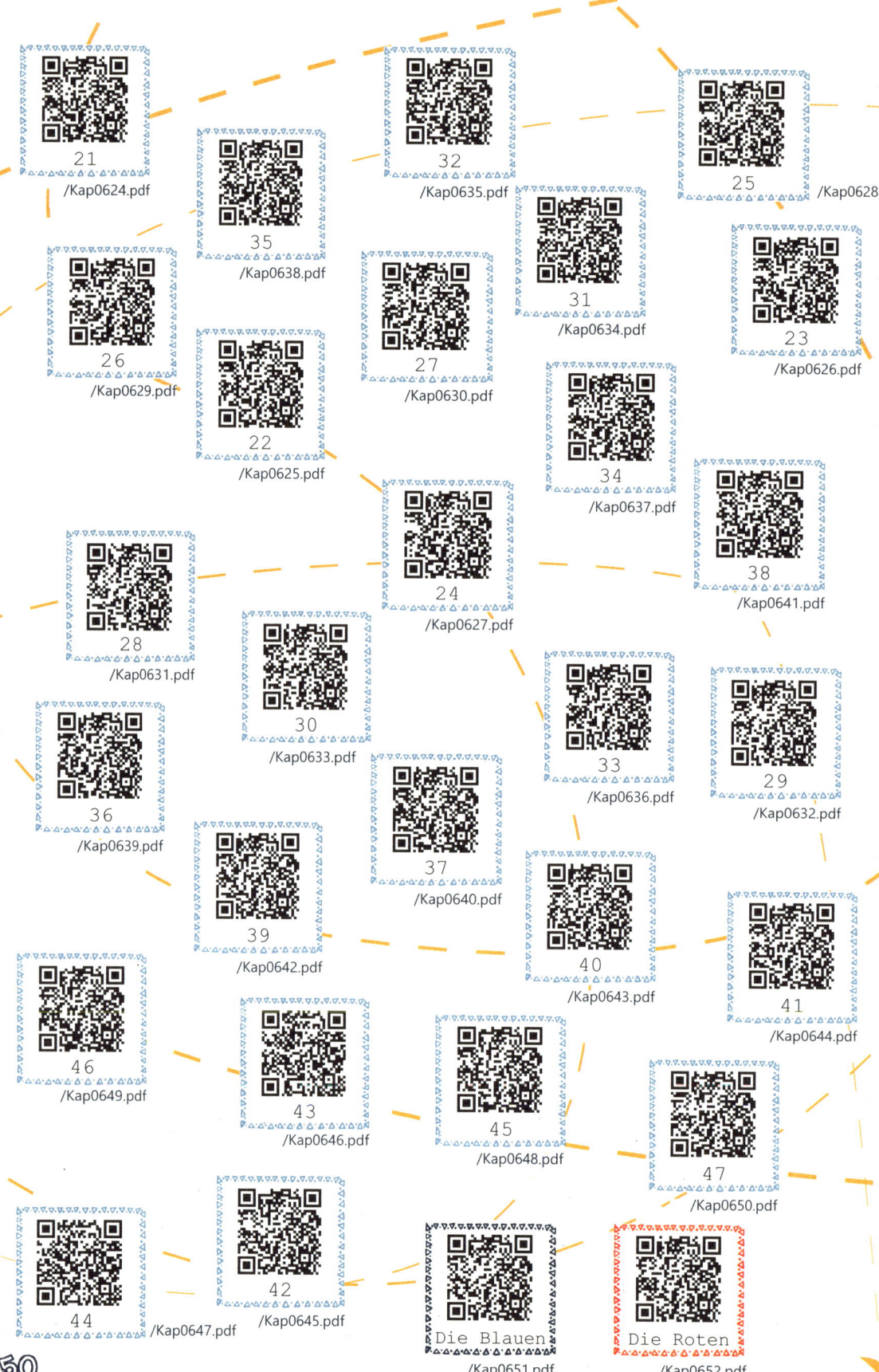

21
/Kap0624.pdf

35
/Kap0638.pdf

32
/Kap0635.pdf

25
/Kap0628.pdf

26
/Kap0629.pdf

22
/Kap0625.pdf

27
/Kap0630.pdf

31
/Kap0634.pdf

23
/Kap0626.pdf

34
/Kap0637.pdf

38
/Kap0641.pdf

28
/Kap0631.pdf

24
/Kap0627.pdf

30
/Kap0633.pdf

36
/Kap0639.pdf

37
/Kap0640.pdf

33
/Kap0636.pdf

29
/Kap0632.pdf

39
/Kap0642.pdf

40
/Kap0643.pdf

41
/Kap0644.pdf

46
/Kap0649.pdf

43
/Kap0646.pdf

45
/Kap0648.pdf

47
/Kap0650.pdf

44
/Kap0647.pdf

42
/Kap0645.pdf

Die Blauen
/Kap0651.pdf

Die Roten
/Kap0652.pdf

»Was aus der Bibel ...«

/Kap0603

... hier kannst du dir den Text anhören.

Achtung: Der Code funktioniert erst, wenn ihr das Jenny-Spiel zu Ende gespielt habt!

In der Bibel gibt es einen Text, der für das Jenny-Spiel ganz wichtig ist.
Im Original sieht er so aus:

11 Εἶπεν δέ· ἄνθρωπός τις εἶχεν δύο υἱούς. **12** καὶ εἶπεν ὁ νεώτερος αὐτῶν τῷ πατρί· πάτερ, δός μοι τὸ ἐπιβάλλον μέρος τῆς οὐσίας. ⸀ὁ δὲ⸀ διεῖλεν αὐτοῖς τὸν βίον. **13** καὶ μετ᾿ οὐ πολλὰς ἡμέρας ⸀συναγαγὼν ⸀πάντα ὁ νεώτερος υἱὸς ἀπεδήμησεν εἰς χώραν μακρὰν καὶ ἐκεῖ διεσκόρπισεν ⸀τὴν οὐσίαν αὐτοῦ⸀ ζῶν ἀσώτως. **14** δαπανήσαντος δὲ αὐτοῦ πάντα ἐγένετο λιμὸς ⸀ἰσχυρὰ κατὰ τὴν χώραν ἐκείνην, καὶ αὐτὸς ἤρξατο ὑστερεῖσθαι. **15** καὶ πορευθεὶς ἐκολλήθη ἑνὶ τῶν πολιτῶν τῆς χώρας ἐκείνης, καὶ ἔπεμψεν αὐτὸν εἰς τοὺς ἀγροὺς αὐτοῦ βόσκειν χοίρους, **16** καὶ ἐπεθύμει ⸀χορτασθῆναι ⸀ἐκ τῶν κερατίων ὧν ἤσθιον οἱ

(marginal references) Mt 21,28 · 1 Mcc 10,29 [30] Tob 3,17 · 16,1 Prv 29,3 · 16,21

3 O D Θ *f*¹³ 28 *pc* b e sy^{s.c.p} ● **4** ⸀ος εξει D *ex lat?* | ⸆απολεση B* D | ⸋ουκ αφιησι *et* ⸋απελθων το απ. ζητει D (lat sy^{s.c.p} co) | Τοῦ ℵ A N Δ Ψ *f*¹·¹³ 1424 *al* ● **6** ⸀-ειται D N *f*¹·¹³ 1241 *al* | Ο 𝔓⁷⁵ Θ *pc* ● **7** ⸉ A D W Θ *f*¹·¹³ (28) 𝔐 ¦ *txt* 𝔓⁷⁵ ℵ B L Ψ 892. 1241 *pc* ● **8** ⸋και απολεσασα μιαν D it | ⸀οτου A W Ψ 𝔐 ¦ – D 892 *pc* ¦ *txt* 𝔓⁷⁵ ℵ B L Θ *f*¹·¹³ 33. 1241 *al* ● **9** ⸀-ειται A D W *f*¹·¹³ 𝔐 ¦ *txt* 𝔓⁷⁵ ℵ B K L N Δ Θ Ψ 892. 1424 *al* | ⸀τας A W Ψ *f*¹·¹³ 𝔐 ¦ τους 579 *pc* ¦ *txt* 𝔓⁷⁵ ℵ B (⸉D) L Θ *pc* ● **10** ⸉²¹ A W Θ Ψ *f*¹ 𝔐 ¦ χ. εσται D N *f*¹³ *pc* latt ¦ *txt* 𝔓⁷⁵ ℵ B L 33 *pc* | Ο B ● **12** ⸋και ℵ* D W Θ Ψ *f*¹·¹³ 𝔐 latt sy | – 𝔓⁷⁵ ¦ *txt* ℵ² A B L 892. 1241 *pc* bo ● **13** ⸀συναγων 𝔓⁷⁵ *pc* | ⸀απαντα ℵ A L W Θ Ψ *f*¹·¹³ 𝔐 ¦ *txt* 𝔓⁷⁵ B D 1241 *pc* | ⸋εαυτου τον βιον D ● **14** ⸀-ρος W Θ Ψ *f*¹³ 𝔐 ¦ – it sy^s ¦ *txt* 𝔓⁷⁵ ℵ A B D L R *f*¹ 892 *pc* ● **16** ⸀γεμισαι την κοιλιαν αυτου A Θ Ψ 𝔐 lat sy^{a.p.h} bo ¦ γεμ. τ. κ. και χορτασθηναι W ¦ *txt* 𝔓⁷⁵ ℵ B D L R *f*¹·¹³ 1241 *pc* e f (sy^c) sa | ⸀απο A W Θ Ψ 𝔐 ¦ *txt* 𝔓⁷⁵ ℵ B D L R *f*¹·¹³ *pc*

/Kap0602

Hier kannst du sehen,
was Nelli dazu sagt.

Das Leben ist wie Zeichnen ohne Radiergummi. Ich habe mich vermalt, bitte verzeih mir.

(Verfasser*in unbekannt)

Wie geht das eigentlich? Jemandem zu vergeben? Wir benutzen dafür nicht das Wort »vergeben«. Wir sagen eher: »Komm, ist gut.« Oder: »Schon okay.« Das Geheimnis von »Vergeben« ist: Das gibt es immer nur als »Vergeben und Vergessen«. Das bedeutet: Diese Geschichte ist erledigt. Sie steht nicht mehr zwischen uns. Abgehakt. Das braucht manchmal Zeit ... und es ist gar nicht leicht, das auszuhalten.

Auflösung:
Das Schriftzeichen
bedeutet so viel wie:
versöhnen, vergeben

JESUS AKTE
Akte Seite 70/71
vervollständigen
NICHT VERGESSEN

»Hier hast du das Sagen ...«

Nimm dir einen Augenblick Zeit zum Nachdenken:

- Gibt es jemanden auf der Welt, der vielleicht darauf hofft, dass du ihm oder ihr vergibst? Mit welchem Buchstaben fängt sein oder ihr Name an? Gestalte diesen Buchstaben und überleg dabei, ob es für dich ok sein könnte, zu ihm oder ihr zu sagen: »Komm, ist ok!«
- Gibt es jemanden auf der Welt, von dem oder von der du dir Vergebung wünschst? Mit welchem Buchstaben fängt sein oder ihr Name an? Gestalte diesen Buchstaben und überleg dabei, ob es für dich ok sein könnte, ihn oder sie darum zu bitten.

Teil 3

Wie

wird das

Leben

gut?

»Worum es hier geht ...«

/Kap0701

… hier kannst du dir ansehen,
was Nelli zum Thema sagt.
Viel Spaß!

»Deine Meinung zum Clip«

1. Mach ein Kreuz auf der Linie zwischen den Daumen:
Wie findest du den Clip?

 ———————————————————————————————

2. Gutes Handeln. Für euch ganz einfach oder manchmal ähnlich
schwer wie bei Nelli? Positioniert euch doch bitte einmal: Die
eine Seite des Raumes steht für: »Ich hätte auf jeden Fall etwas
unternommen.« Die gegenüberliegende Seite steht für: »Ich halte
mich auf jeden Fall raus.«
3. Wenn ihr euch im Raum positioniert habt, sprecht bitte kurz
darüber, warum ihr euch dort positioniert habt.
4. Schreibt hier eure Stichworte auf, welche Begründungen ihr
für eure Positionen gefunden habt.

———

———

»Was aus der Bibel ... «

Die Geschichte vom barmherzigen Samariter
(Aus dem Lukas-Evangelium, Kapitel 10)

Hier ein paar Infos zum besseren Verstehen:

Priester und Leviten waren beim Tempelbetrieb in Jerusalem angestellt. Sie waren dort zuständig für die religiösen Feste und Gottesdienste. Sie arbeiteten im Bereich der Organisation, Beschaffung von Materialien und in der Durchführung der Gottesdienste selbst.

Menschen aus Samarien wurden von der Bevölkerung in Judäa (also um Jerusalem herum) und Galiläa (also aus der Heimatregion von Jesus) kritisch beäugt. Sie waren zwar auch Israeliten, kamen jedoch aus dem Norden und hatten andere religiöse Angewohnheiten.

/Kap0703

Zu lang zum Lesen? Hier kannst du den Text hören.

»Ein Mann ging von Jerusalem nach Jericho.
Unterwegs wurde er von Räubern überfallen.
Sie plünderten ihn bis aufs Hemd aus
und schlugen ihn zusammen.
Dann machten sie sich davon und ließen ihn halb tot liegen.
Nun kam zufällig ein Priester denselben Weg herab.
Er sah den Verwundeten und ging vorbei.
Genauso machte es ein Levit, als er zu der Stelle kam:
Er sah den Verwundeten und ging vorbei.
Aber dann kam ein Samariter dorthin, der auf Reisen war.
Als er den Verwundeten sah, hatte er Mitleid mit ihm.
Er ging zu ihm hin,
behandelte seine Wunden mit Öl und Wein
und verband sie.
Dann setzte er ihn auf sein eigenes Reittier,
brachte ihn in ein Gasthaus und pflegte ihn.
Am nächsten Tag holte er zwei Silberstücke hervor,
gab sie dem Wirt
und sagte:
›Pflege den Verwundeten!
Wenn es mehr kostet,
werde ich es dir geben,
wenn ich wiederkomme.‹«

Knüppel
(das knüppelt einen)

Wunden
(da werden Menschen verwundet)

Pflaster/Verband
(so passiert Hilfe)

Öl und Wein
(wie Schmerzen gelindert werden)

Esel
(was einen trägt)

Hotelbett
(was einen wieder Ruhe finden
lässt)

Geld
(Helfen hat seinen Preis.
Was bin ich bereit zu zahlen?)

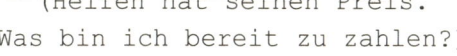

»Lies was, guck was ...«

/Kap0702

Hier kannst du hören, was
Nelli dazu sagt.

Moin, moin, was geht ...?!

Die norddeutsche HipHop-Formation »Fettes Brot« hat ein Lied
gemacht, das einen zum Nachdenken anregt. Das Lied heißt »An Tagen
wie diesen«. Du kannst es dir über den Link auf dieser Seite gerne
anhören.

Fettes Brot erzählen in ihrem Lied davon, wie
merkwürdig das doch eigentlich ist: Da liest
man beim Bäcker so nebenbei in der Zeitung,
dass schon wieder irgendwo Krieg ist – ein
Granatenangriff auf eine kleine Stadt. Aber
das interessiert überhaupt nicht mehr. Dass
da allerdings vor dem Bäcker auf der Straße 'ne
Katze vom Auto überfahren wird, das verdirbt
einem die Laune: Was fällt diesem
Mistvieh nur ein, vor meinen
Augen zu sterben ...?

Was denkst du darüber?

Hier kannst du dir das
Video ansehen:
https://www.youtube.com/
watch?v=fbChSuSQIo4

»Hier hast du das Sagen ...«

Diese Sache werde ich in den nächsten zwei Wochen anders machen als bisher:

Am _____ (Datum) werde ich kontrollieren, ob ich das geschafft habe. Wie zufrieden bin ich eigentlich mit mir?

JESUS AKTE
Akte Seite 70/71 vervollständigen
NICHT VERGESSEN

DER PROZESS

»Worum es hier geht ...«

/Kap0801

... hier kannst du dir ansehen,
was Leon zum Thema sagt.
Viel Spaß!

»Deine Meinung zum Clip«

1. Mach ein Kreuz auf der Linie zwischen den Daumen:
Wie findest du den Clip?

 _____

2. Entscheide dich auf Basis deiner heutigen Kenntnisse:
Ist Jesus eher zu Recht oder eher zu Unrecht verurteilt worden?
Mach dein Kreuz auf der Linie

Eher zu Recht verurteilt   Eher zu Unrecht verurteilt

3. Ein Stichwort zu deinem wichtigsten Grund für deine
Einschätzung:

_____

»Was aus der Bibel ...«

Prozess gegen Jesus von Nazareth

BREAKING NEWS +++

DONNERSTAG

+++ 10.00 Uhr, Jerusalem bereitet sich auf das Passahfest vor. Hunderttausende strömen in die Stadt. Die Unruhen der vergangenen Monate in der Provinz Judäa sorgen für Nervosität. Es ist nicht auszuschließen, dass es zu Zwischenfällen kommen kann. Erhöhte Präsenz der römischen Sicherheitskräfte in der gesamten Stadt. +++

+++ 10.32 Uhr, Aufgeregte Zeugen berichten von angeblichem Einzug des jüdischen Königs in die Stadt. Pilatus, der Chef der römischen Verwaltung der Provinz, ordnet nochmalige Erhöhung der Sicherheitsmaßnahmen an. +++

+++ 12.27 Uhr, Tumult im Tempelbezirk. Zeugen sagen aus, dass Jesus von Nazareth, den sie den »Nazarener« nennen, den Tempelbetrieb gewalttätig gestört haben soll.
Tempelbezirk wird bis auf Weiteres abgesperrt. Mitarbeiter des Tempels sind momentan noch mit Aufräumarbeiten beschäftigt. Der Verdächtige selbst scheint entkommen zu sein. +++

+++ 21.30 Uhr, Soldaten des jüdischen Rats (höchste jüdische religiöse und politische Instanz) spüren den Nazarener im Garten Gethsemane auf. Aufgrund eines Verrates aus den eigenen Reihen konnte der Verdächtige aufgespürt werden. Verhaftung lief widerstandslos. Seine Anhänger konnten fliehen. Jesus selbst wurde zum Hohen Rat gebracht. +++

+++ 22.15 Uhr, Verhör durch Kaiphas, oberster jüdischer Priester und Chef des Jüdischen Rates.
Vorwurf:
Gotteslästerung und religiöse Anmaßung: Der Angeklagte behauptet, der Sohn Gottes zu sein.
Anstiftung zum Aufruhr durch massive Störung des Tempelbetriebs. +++

/Kap0803

Zu lang zum Lesen? Hier kannst
du den Text hören.

+++ 22.30 Uhr, Zeugenbefragung
Der Chef der Zollbehörde Jerichos, Zachäus, soll zur Zeugenaus-
sage bereit sein. Unklar bleibt, was er zu sagen hatte. Als
Zeugen aufgerufen wurden auch Mitglieder der Gruppe der Phari-
säer. Angeblich sollen Kaufleute aus dem Tempelbetrieb von
erheblichen finanziellen Verlusten durch den radikalen Auftritt
Jesu im Tempelbezirk am heutigen Morgen berichtet haben. +++

+++ 23.15 Uhr, Befragung des Angeklagten
Jesus von Nazareth gibt zu: »Ich bin derjenige, der wie kein
anderer von Gott reden kann. Ich zeige euch, wie Gott sich die
Welt und die Menschen denkt. Ich zeige euch, wie Gottes neue
Welt sein wird.« Auf die Nachfrage des Kaiphas, ob er der
Messias sei, der Sohn Gottes, antwortet der Angeklagte
zustimmend. +++

+++ 23.20 Uhr, Tumultartige Szenen im Hohen Rat. Die Todesstrafe
soll ausgesprochen werden. Der Angeklagte wird zu diesem Zweck
an Pilatus, den römischen Provinzstatthalter, überstellt.
Anklage: Anstiftung zu Aufruhr und Rebellion. Plant den Umsturz
des römischen Regimes. Will sich selbst als König einsetzen. +++

+++ 23.50 Uhr, Förmliche Anklage durch Pilatus
Politischer Aufruhr mit dem Ziel, sich selbst als König der
Juden zu inthronisieren. +++

FREITAG

+++ 10.18 Uhr, Urteilsverkündung
Todesstrafe durch Kreuzigung. Vollstreckung noch am heutigen
Tag.
Bekanntmachung löst Jubel und Entsetzen aus. Nochmalige
Verschärfung der Sicherheitsmaßnahmen durch Pilatus. +++

»Mach was ...«

Name:
Hebräisch: Jeshua Ben Josef
Lateinisch: Jesus von Nazareth
Wird häufig »der Nazarener«
gerufen.

Wohnort: Nazareth, Provinz Galiläa
Familie:
Vater: Josef. Beruf Zimmermann
Mutter: Maria
Geschwister: Sechs (4 Brüder, 2 Schwestern)

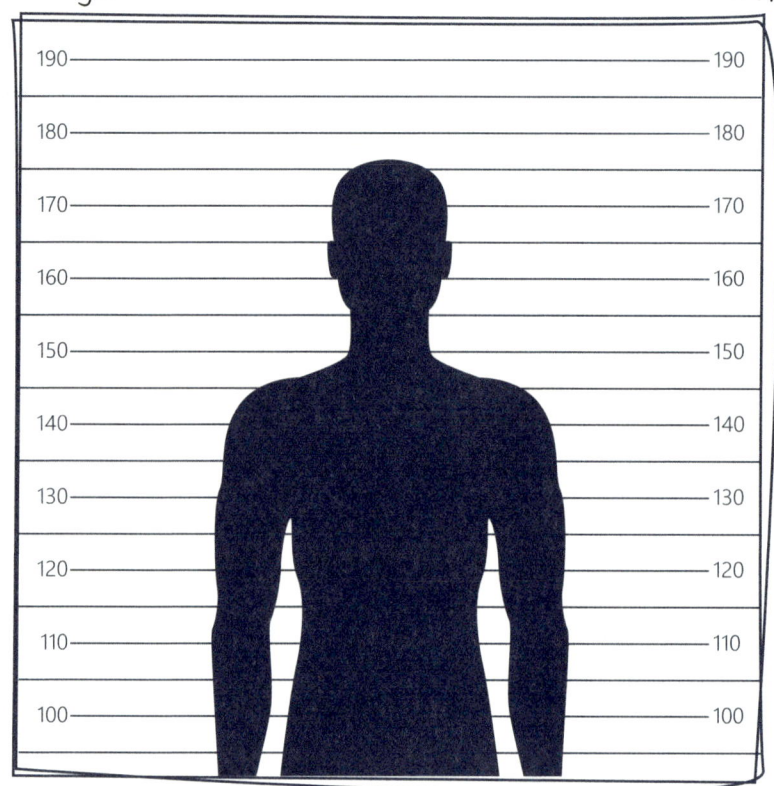

Beruf: zunächst Zimmermann, anschließend Wanderprediger

Kurzbericht:
Sammelt seit einigen Monaten Anhängerinnen und Anhänger um sich.
Zahl: Schwankend. Zwischen 20-40.
Derzeitiger Aufenthaltsort: Unbekannt. Einige Zeit im Norden (Galiläa)
unterwegs (in der Nähe des See Genezareth).
Verlagert aktuell sein Wirkungsgebiet nach Süden. Zeugen haben ihn in
Jericho gesehen.
Reden und Handlungen geben Anlass zur Besorgnis: fordert faire Löhne, ruft
zu zivilem (gewaltfreien) Widerstand gegen ungerechte Strukturen auf, redet
auffällig häufig vom sogenannten »Reich Gottes«. Stimmen mehren sich, dass
er der Sohn Gottes sei (hebräisch: der Messias).

Status:
Beobachtung mit höchster Priorität

Verteidiger*innen
/Kap0805.pdf

Ankläger*innen
/Kap0806.pdf

Zeug*innen

 Pilatus
/Kap0807.pdf

 Esel-
besitzer
Jakob
/Kap0811.pdf

 Anhän-
gerin
Maria
/Kap0814.pdf

 Frau am
Jakobsbrunnen
Esther
/Kap0813.pdf

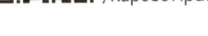 Kaiphas
/Kap0808.pdf

 Bibel-
experte
Daniel
/Kap0812.pdf

 Ober-
zöllner
Zachäus
/Kap0810.pdf

 Kaufmann im
Tempelvorhof
Micha
/Kap0809.pdf

»Lies was, guck was ...«

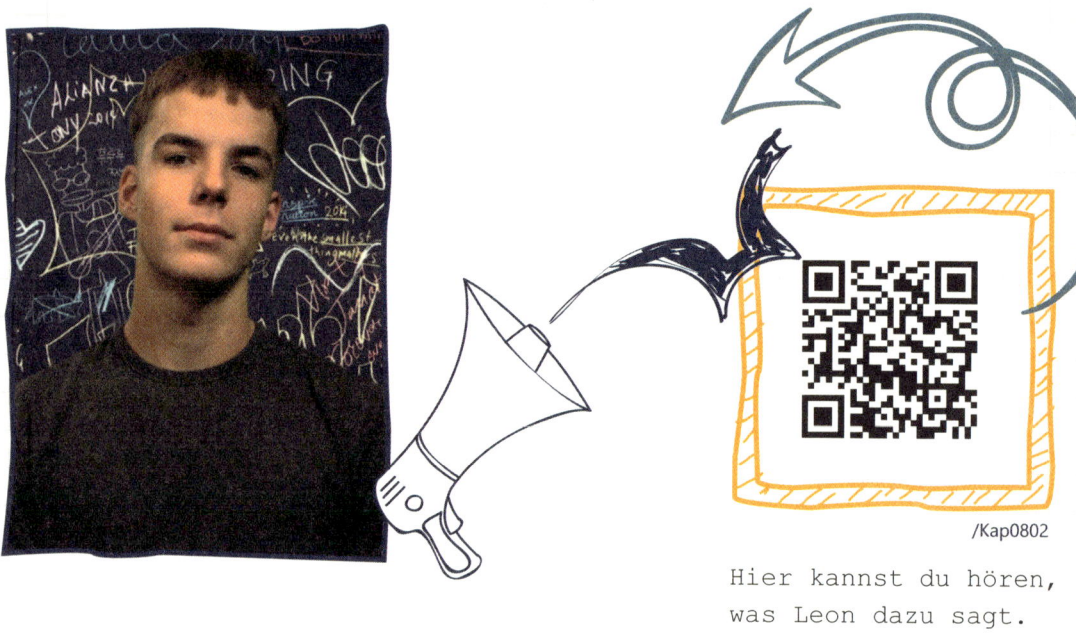

/Kap0802

Hier kannst du hören,
was Leon dazu sagt.

Drei Stichworte: Für diese Überzeugung ist Jesus mit seinem Leben
eingestanden:

_____

_____

Gibt es nach deiner Auffassung Überzeugungen, für die es sich zu
sterben lohnt? Warum bzw. warum nicht? Zwei kurze Sätze zu deinen
wichtigsten Gründen:

_____

_____

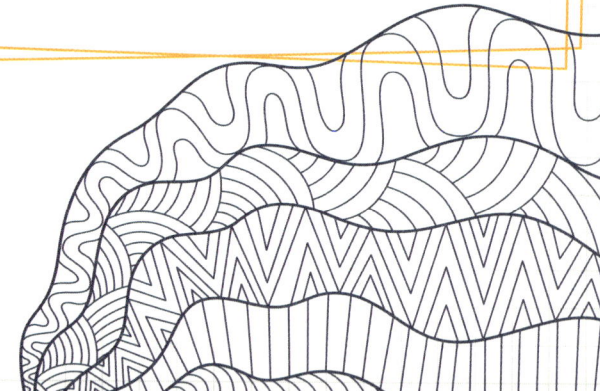

»Hier hast nicht du, sondern dieses Mal dein*e Pastor*in das Sagen ...«

STRAFE MITLEID STELLVERTRETUNG

OPFER SOLIDARITÄT EHRE
SÜNDE SCHULD GNADE
WIEDERGUTMACHUNG SÜHNE VERSÖHNUNG

GERECHTIGKEIT BLUT

JESUS AKTE

Akte Seite 70/71 vervollständigen

NICHT VERGESSEN

Fall-Nr. 104689

STRENG
VERTRAULICH

Name:

Aufenthaltsort:

_____

Charaktermerkmale:

_____

Bericht:

Hat gesagt:

Hat gehört:

Hat gesehen:

Hat ermahnt:

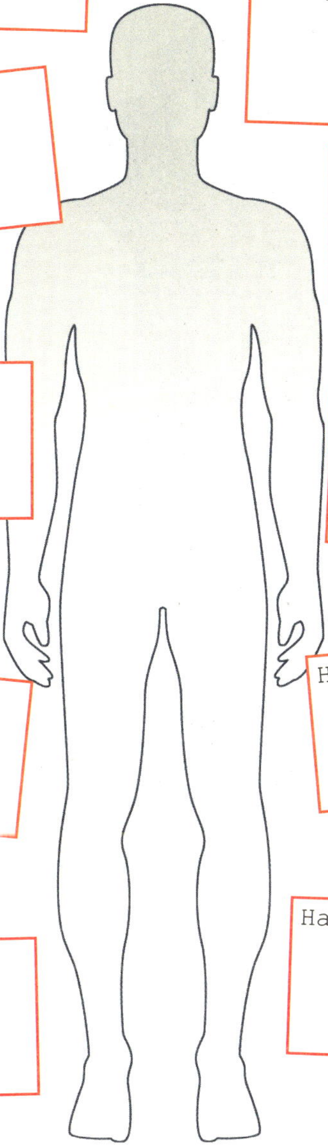

Hat Rücken
gestärkt:

Hat hinterfragt:

Hat geheilt:

Hat gehandelt:

Hat provoziert:

Hat getröstet:

Identifizierung:

WER

bist du wirklich?

»Worum es hier geht ...«

/Kap0901

Hier kannst du dir ansehen,
was Leon zum Thema sagt.
Viel Spaß!

»Deine Meinung zum Clip«

1. Mach ein Kreuz auf der Linie zwischen den Daumen:
Wie findest du den Clip?

 _____

2. Mal ehrlich, was ist dir wichtiger: Was andere über dich
denken? Oder was du selbst über dich denkst? Mach ein Kreuz auf
der Linie. – Die Mitte ist blockiert: Da kannst du kein Kreuz
hinmalen ☺.

Was ich über mich denke   Was andere über mich denken
__________

3. Wenn du könntest: Würdest du dein Kreuz gern an eine andere
Stelle setzen? Wohin? Und warum?

_____

»Mach was ...«

Das bin ich (alles Wissenswerte) ...

Das ist mir wichtig ...

Das ist mir unwichtig ...

Wenn ich ein Tier wäre, wäre ich am ehesten ein ...

Das mag ich ...

Das kann ich nicht leiden ...

Dafür kann ich mich begeistern ...

Das lässt mich ziemlich kalt ...

Diese Personen sind mir wichtig ...

Diese sind mir unwichtig ...

So sieht ein normaler Tag aus ...

Das ist besonders an mir ...

Das kann ich an mir nicht leiden ...

Folgende Eigenschaften habe ich ...

So wäre ich gerne (meine Vorbilder) ...

Hier kommt deine Maske hin.

Aus dem Lukas-Evangelium, Kapitel 15

/Kap0903

Zu lang zum Lesen?
Hier kannst du dir
den Text anhören.

11 Dann sagte Jesus:
»Ein Mann hatte zwei Söhne.
12 Der jüngere sagte zum Vater:
›Vater, gib mir meinen Anteil am Erbe!‹
Da teilte der Vater seinen Besitz unter den Söhnen auf.
13 Ein paar Tage später
machte der jüngere Sohn seinen Anteil zu Geld.
Dann zog er in ein fernes Land.
Dort führte er ein verschwenderisches Leben und
verschleuderte sein ganzes Vermögen.
14 Als er alles ausgegeben hatte,
brach in dem Land eine große Hungersnot aus.
Auch er begann zu hungern.
15 Da bat er einen der Einwohner des Landes um Hilfe.
Der schickte ihn aufs Feld zum Schweinehüten.
16 Er wollte seinen Hunger
mit dem Schweinefutter stillen,
das die Schweine fraßen.
Aber er bekam nichts davon.
17 Da ging der Sohn in sich und dachte:
›Wie viele Arbeiter hat mein Vater
und sie alle haben mehr als genug Brot.
Aber ich komme hier vor Hunger um.
18 Ich will zu meinem Vater gehen
und zu ihm sagen:
Vater, ich bin vor Gott und vor dir
schuldig geworden.
19 Ich bin es nicht mehr wert,
dein Sohn genannt zu werden.
Nimm mich als Arbeiter in deinen Dienst.‹
20 So machte er sich auf den Weg zu seinem Vater.
Sein Vater sah ihn schon von Weitem kommen
und hatte Mitleid mit ihm.
Er lief seinem Sohn entgegen,
fiel ihm um den Hals und küsste ihn.
21 Aber sein Sohn sagte zu ihm:

›Vater, ich bin vor Gott und vor dir
schuldig geworden.
Ich bin es nicht mehr wert,
dein Sohn genannt zu werden.‹
22 Doch der Vater befahl seinen Dienern:
›Holt schnell das schönste Gewand aus
dem Haus und zieht es ihm an.
Steckt ihm einen Ring an den Finger
und bringt ihm Sandalen für die Füße.
23 Dann holt das gemästete Kalb her
und schlachtet es:
Wir wollen essen und feiern!
24 Denn mein Sohn hier war tot
und ist wieder lebendig.
Er war verloren
und ist wiedergefunden.‹
Und sie begannen zu feiern.
25 Der ältere Sohn war noch auf dem Feld.
Als er zurückkam
und sich dem Haus näherte,
hörte er Musik und Tanz.
26 Er rief einen der Diener zu sich
und fragte:
›Was ist denn da los?‹
27 Der antwortete:
›Dein Bruder ist zurückgekommen!
Dein Vater hat das gemästete Kalb
schlachten lassen,
weil er ihn gesund wiederhat.‹
28 Da wurde der ältere Sohn zornig.
Er wollte nicht ins Haus gehen.
Doch sein Vater kam zu ihm heraus
und redete ihm gut zu.
29 Aber er sagte zu seinem Vater:
›So viele Jahre arbeite ich jetzt schon für
dich!
Nie war ich dir ungehorsam.
Aber mir hast du noch nie
einen Ziegenbock geschenkt,
damit ich mit meinen Freunden feiern
konnte.
30 Aber der da, dein Sohn,
hat dein Vermögen mit Huren vergeudet.

Jetzt kommt er nach Hause,
und du lässt gleich das gemästete Kalb für
ihn schlachten.‹
31 Da sagte der Vater zu ihm:
›Mein lieber Junge, du bist immer bei mir.
Und alles, was mir gehört,
gehört auch dir.
32 Aber jetzt mussten wir doch feiern
und uns freuen:
Denn dein Bruder hier war tot
und ist wieder lebendig.
Er war verloren
und ist wiedergefunden.‹

/Kap0902

Hier kannst du hören,
was Leon dazu sagt.

Dieses Gedicht hat Dietrich Bonhoeffer 1943 geschrieben.
Findet raus, in welcher Situation er da war. Lest erst dann das Gedicht.

»...

Wer bin ich? Sie sagen mir auch,
ich trüge die Tage des Unglücks
gleichmütig, lächelnd und stolz,
wie einer, der siegen gewohnt ist.
Bin ich das wirklich, was andere von mir sagen?
Oder bin ich nur das, was ich selbst von mir weiß?
Unruhig, sehnsüchtig, krank, wie ein Vogel im Käfig,
ringend nach Lebensatem, als würgte mir einer die Kehle,
hungernd nach Farben, nach Blumen, nach Vogelstimmen,
dürstend nach guten Worten, nach menschlicher Nähe,
...?
Wer bin ich? Der oder jener?
Bin ich denn heute dieser und morgen ein andrer?
Bin ich beides zugleich?
...
Wer bin ich? Einsames Fragen treibt mit mir Spott.
Wer ich auch bin, Du kennst mich, Dein bin ich, o Gott!«

»Hier hast du das Sagen ...«

Welchen Satz haben deine Eltern dir bei deiner Taufe mitgegeben?
Finde ihn heraus, frag deine Eltern oder wer sonst ihn ausgesucht
hat nach den Gründen. Schreib dir deinen Taufspruch hier auf –
und deinen Lieblingsgrund für diesen Satz auch:

JESUS AKTE

Akte Seite 70/71
vervollständigen

NICHT VERGESSEN

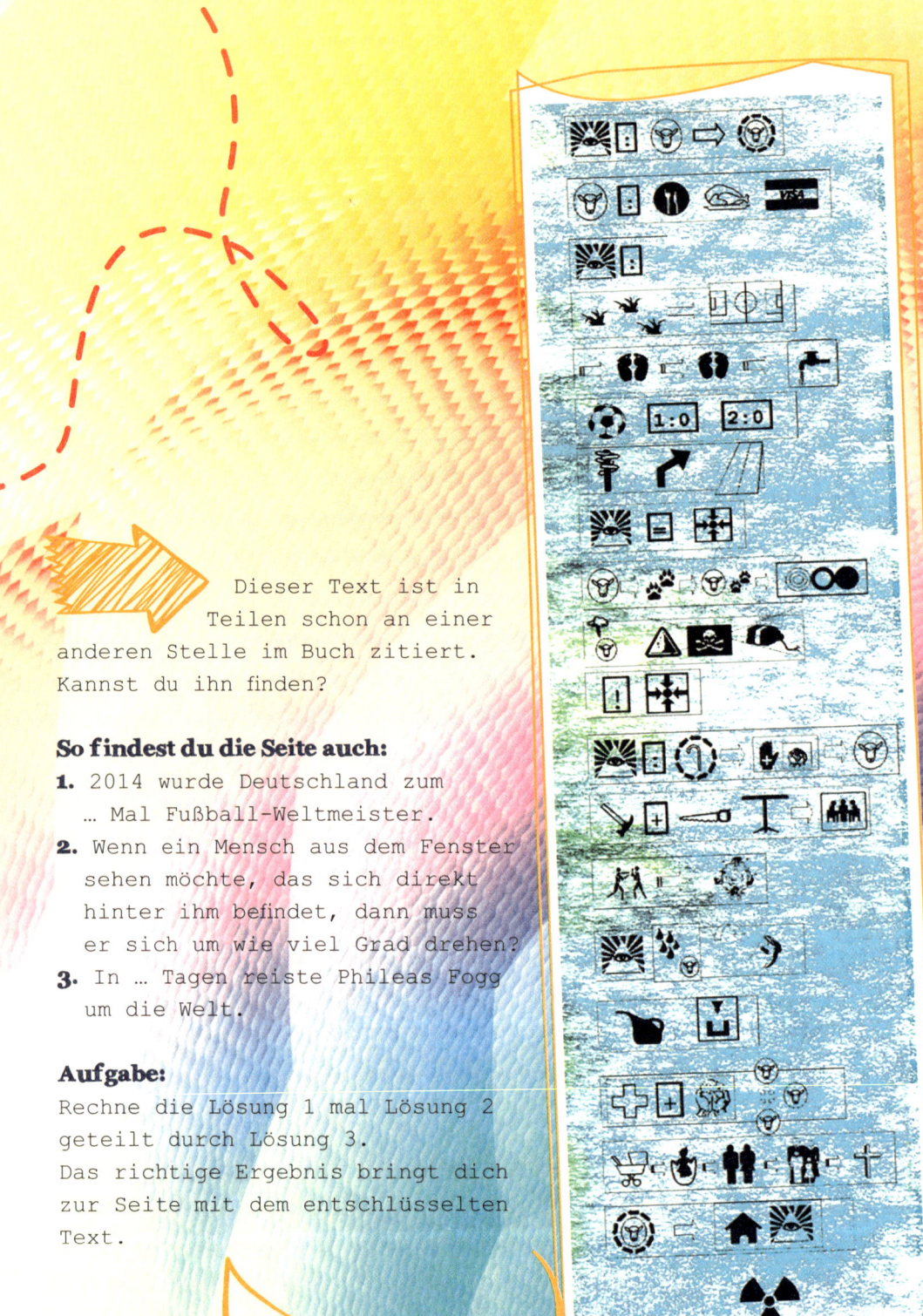

Dieser Text ist in Teilen schon an einer anderen Stelle im Buch zitiert. Kannst du ihn finden?

So findest du die Seite auch:

1. 2014 wurde Deutschland zum … Mal Fußball-Weltmeister.

2. Wenn ein Mensch aus dem Fenster sehen möchte, das sich direkt hinter ihm befindet, dann muss er sich um wie viel Grad drehen?

3. In … Tagen reiste Phileas Fogg um die Welt.

Aufgabe:

Rechne die Lösung 1 mal Lösung 2 geteilt durch Lösung 3.
Das richtige Ergebnis bringt dich zur Seite mit dem entschlüsselten Text.

Gott und das Leiden

»Worum es hier geht ...«

/Kap1001

... hier kannst du dir ansehen, was Leon zum Thema sagt. Viel Spaß!

»Deine Meinung zum Clip«

1. Mach ein Kreuz auf der Linie zwischen den Daumen: Wie findest du den Clip?

👍 ──────────────────────────────── 👎

2. Das Bild, das dir als Erstes bei diesem Thema einfällt, zeigt:

3. Über die Frage, wie Gott UND das Leiden zusammen passen, hast du zum ersten Mal nachgedacht mit _____ Jahren.

Stell dir vor, Gott wäre ein Gebäude: Welches würdest du wählen?

Mal oder kleb deine eigene
Idee hier hin:

Stell dir vor, Gott wäre ein Tier: Welches würdest du wählen?

Mal oder kleb deine eigene
Idee hier hin:

»Was aus der Bibel ...«

Ich will dich trösten,
wie einen seine
Mutter tröstet.

Gott, das Wasser
steht mir bis
zum Hals.
Ich versinke.
Ich kann nicht mehr.

Einer trage des
anderen Last.

Ein Satz, der dir hilft:

Gott hat seinen Engeln
befohlen, dass sie
dich behüten auf allen
deinen Wegen.

Gottes Name:
Ich bin ein
»ich-bin-mit-dir«.

Mein Gott, mein Gott, warum hast du mich verlassen?

Gottes Güte ist an jedem Morgen wieder neu.

Sei getrost und unverzagt. Lass dir nicht grauen und entsetze dich nicht, ich bin mit dir in allem, was du tun wirst.

»Lies was, guck was ...«

/Kap1002

Hier kannst du
sehen, was Leon
dazu sagt.

Kein Problem wird gelöst, wenn wir träge darauf warten, dass Gott allein sich darum kümmert.

Martin Luther King, baptistischer Prediger und Bürgerrechtler, 1929-1968

Wenn ich bete, bete ich nie für mich selbst, immer für andere ... Wenn man für jemand betet, schickt man ihm etwas von der eigenen Kraft. ... Man möchte ein Pflaster auf vielen Wunden sein.

Esther Hillesum, niederländisch-jüdische Lehrerin, *1914, ermordet von Nazis 1943

Lights will guide you home and ignite your bones and I will try to fix you. (Lichter werden dich nach Hause führen und dich wärmen und ich werde versuchen, dich zu heilen.)

Coldplay, britische Band

Ich möchte gerne an einen Gott glauben , der die Qualen der Menschen teilt und mit ihnen leidet. Ich möchte gerne an einen Gott glauben , dem das nicht egal ist, wenn es mir oder anderen schlecht geht.

nach Harold Kushner, amerikanischer Rabbi, geb. 1935

»Hier hast du das Sagen ...«

Du hast jetzt eine Menge Ideen dazu gesammelt, wie Gott UND das Leiden zusammen passen könnten – oder auch nicht. Halt auf der Karte fest, was dir wichtig ist:

✘ Du kannst beide Seiten der Karte gestalten, wie du willst.
✘ Lass den linken Rand der Rückseite frei, damit du sie hier einkleben kannst.
✘ Als Material für die Gestaltung hast du schon eine ganze Menge gesammelt:

dein Gottesbild, deinen Satz aus der Bibel, die vier Verben zu Gottes Handeln, die Ideen von den anderen Konfis …

Viel Spaß bei der Gestaltung!

Hi!

Hier kannst du deine »Gotteskarte« einkleben. Wenn du nur den grauen Bereich mit dem Klebestift bestreichst, kannst du die Karte umklappen und beide Seiten sehen.

JESUS AKTE

Akte Seite 70/71 vervollständigen

NICHT VERGESSEN

Die »Komplimente-Seite«

»Ich wollte dir mal eben sagen ...«

Auf diese Seite dürfen nur Sätze, Bilder, Meinungen, Wünsche
kommen, die dir gut tun. Das können andere Konfis für dich
schreiben oder malen, Teamer*innen, dein/e Pastor*in, deine Eltern,
Freund*innen, Geschwister, Lehrer*innen oderoderoder

TOD
und was
DANN?

»Worum es hier geht ...«

/Kap1101

... hier kannst du dir ansehen,
was Leon zum Thema sagt.
Viel Spaß!

Zitat aus »Tears in Heaven« (Eric Clapton):

»Beyond the door, there is peace, I'm sure«

»Hinter der Tür,
da bin ich mir sicher,
ist Frieden!«

Hier kannst du dir das Video ansehen:
https://www.youtube.com/watch?v=JxPj3GAYYZ0

»Mach was ...«

Bauanleitung Jenseitskisten

Was soll das?
Ihr sollt uns einen kleinen
Blick ins Jenseits geben. Wie
sieht es eurer Meinung nach
hinter der Tür aus?

Wie geht das?
Schaut euch die Materialien
in eurer Plastikkiste an.
Ihr findet dort zwei verschiedene
Typen von Materialien:

a) Kreativzeugs (Papier, Federn, Knete usw.)
b) Anderes Zeugs (Geld, Handy, Kickerbälle,
   Lippenstift, Medikamentenschachtel,
   Facebook-Zeichen)

In eurer Jenseitskiste müssen mindestens zwei von dem »anderen Zeugs« vorkommen. Alles andere könnt ihr so reichlich oder sparsam benutzen, wie ihr wollt. Ihr könnt auch noch weitere Materialien suchen und beim Bau der Kiste verwenden!

Achtung: Wichtig!
a) Ihr könnt die Kiste hochkant oder quer benutzen!
b) Die Türen der Kiste müsst ihr am Ende so schließen können,
   dass man von außen nicht mehr sieht, was in der Kiste ist.
c) Ihr müsst die Kiste in unseren Gruppenraum transportieren
   können. Dort stellt ihr sie nämlich den anderen vor!

```
        Hier bitte
   Alu- oder Spiegelfolie
        einkleben!
```

»Was aus der Bibel ...«

/Kap1103

Hier kannst du dir
die Zukunftsvision
der Offenbarung des
Johannes anhören.

Ganz am Ende der Bibel findet ihr ein Buch, das »Offenbarung des Johannes« genannt wird. Dieses Buch ist wahrscheinlich erst gut 60 Jahre nach dem Tod von Jesus geschrieben worden – und zwar von einem Mann, der in wunderbaren, gruseligen und befremdenden Bildern so eine Art Tagträume davon hatte, wie Gott alles gut in dieser Welt machen wird (Offenbarung Kapitel 21, Verse 1-4).

Zweck dieses Buches war es, den damaligen Christinnen und Christen Hoffnung zu geben. Das war nötig, weil immer mehr von ihnen als Staatsfeinde betrachtet und deshalb verfolgt wurden. Der Verfasser des Buches will mit seinem Text diesen Christinnen und Christen sagen: Ja, es stimmt: Wir erleben gerade wirklich beängstigende Zeiten. Aber seid voller Hoffnung: Am Ende wird Gott alles gut machen. Und wenn noch nicht alles gut ist, ist es noch nicht das Ende!

In diesem Buch – fast ganz am Schluss – steht folgender Text:

> »Und ich sah einen neuen Himmel und eine neue Erde ...
> Auf dieser Erde wird Gott bei den Menschen wohnen, ...
> und Gott wird abwischen alle Tränen von ihren Augen,
> und der Tod wird nicht mehr sein,
> noch Leid noch Geschrei noch Schmerz wird mehr sein;
> denn das Erste ist vergangen.«

Eure Aufgabe:

Macht ein Bild von dem »neuen Himmel und der neuen Erde«! Macht mit euren Handys ein Bild davon, wie das ist, wenn »Gott alle Tränen abwischt«.

Einigt euch in eurer Gruppe oder Kleingruppe auf ein Bild! Für dieses Bild gibt es ein paar Regeln. Die sind wichtig. Warum? Weil euer Bild im Internet zu sehen sein wird. Zusammen mit vielen anderen Bildern von diesem neuen Himmel und der neuen Erde!

Hier sind die Regeln:
1. Es darf kein Gesicht von einem realen Menschen auf dem Foto zu sehen sein!
2. Ihr müsst euch in der Gruppe über das Motiv einig sein.
3. Ihr dürft das Gelände nicht verlassen.

/Kap1105.pdf

Hier geht's zur Gesamtansicht der Himmelscollage

»Lies was, guck was ...«

Zitate zum Thema

Warum die Hölle im Jenseits suchen? Sie ist schon im Diesseits vorhanden, im Herzen der Bösen.
Jean-Jacques Rousseau, französischer Philosoph, 1712-1778

Ich glaube nicht an ein Leben nach dem Tod, obwohl ich ein Paar Unterhosen zum Wechseln mitnehmen werde.
Woody Allen, US-amerikanischer Regisseur, geboren 1935

Wenn du stirbst, bist du vollkommen glücklich und deine Seele lebt irgendwo weiter. Ich habe keine Angst zu sterben. Vollkommener Frieden nach dem Tod, jemand anderes zu werden ist die beste Hoffnung, die ich habe.
Kurt Cobain, US-amerikanischer Sänger der Gruppe Nirwana, 1967 – 1994

Der Tod ist die Befreiung und das Ende von allen Übeln, über ihn gehen unsere Leiden nicht hinaus; er versetzt uns in jene Ruhe zurück, in der wir lagen, ehe wir geboren wurden.
Seneca, römischer Philosoph, 1 – ca. 65

Denn ich verlasse mich darauf: Weder Tod noch Leben, weder himmlische noch staatliche Mächte, weder die gegenwärtige Zeit noch das, was auf uns zukommt, weder Gewalten der Höhe noch Gewalten der Tiefe, noch irgendein anderes Geschöpf können uns von der Liebe Gottes trennen.
Paulus, Jude und später Christ, ca. 10 v. Chr. bis ca. 60 n. Chr.

»Hier hast du das Sagen ...«

Platz für das Hoffnungsmantra aus den Begriffen, die zur Himmels-collage entstanden sind

Dein Hoffnungsmantra: Hier kannst du deine Karte einkleben.

JESUS AKTE

Akte Seite 70/71 vervollständigen

NICHT VERGESSEN

Gibt's GOTT wirklich?

»Worum es hier geht ...«

/Kap1201

... hier kannst du dir ansehen,
was Leon zum Thema sagt.
Viel Spaß!

»Deine Meinung zum Clip«

1. Mach ein Kreuz auf der Linie zwischen den Daumen:
Wie findest du den Clip?

 ————————————————————————

2. Was meinst du: Gibt's Gott wirklich?
☐ Definitiv nicht – da bin ich mir ganz sicher
☐ Vielleicht – man weiß es einfach nicht so genau
☐ Könnte sein – irgendwie kann ich mir nicht vorstellen, dass es
   so etwas »Gott-artiges« gar nicht gibt
☐ Auf jeden Fall – da bin ich mir ganz sicher

3. Was ist das stärkste Argument für deine Entscheidung? Dazu
   ein Stichwort:

_____

Like

WISSENSCHAFTLICH ANALYSIEREN

ERLEBEN

ZEUGENAUSSAGEN HÖREN

GLAUBEN

MESSEN

BERECHNEN

VERMUTEN

GOOGELN

KALKULIEREN:

UMFRAGEN MACHEN

ZÄHLEN TESTEN

SCHLUSSFOLGERN

EXPERIMENTIEREN

FORSCHEN

BEOBACHTEN

VERGLEICHEN

KONTROLLIEREN

VERTRAUEN

FÜHLEN

FALSIFIZIEREN

Wie siehst du das:
Welche Tätigkeit erzeugt die eindeutigsten Ergebnisse, welche die vieldeutigsten? Bau deine eigene Liste aus den Wörtern auf S. 100.

Stichwort zu den Fragen aus eurer Gruppenarbeit. Schreib das Stichwort neben das entsprechende Verb.

Schaut euch noch einmal die Stichworte zu den Fragestellungen an: Welche Fragestellung findest du für dein Leben besonders bedeutsam? Welche Fragestellung ist für dich weniger bedeutsam? Bau deine eigene Bedeutsamkeits-Liste:

Die eindeutigsten Ergebnisse entstehen durch:

Wirklich bedeutsame Fragen für mein Leben:

Die vieldeutigsten Ergebnisse entstehen durch:

Eher wenig bedeutsame Fragen für mein Leben:

Die Gottsucherexpedition

Im Unterricht werdet ihr eine Gottsucherexpedition machen. Diese Seiten sind deine Expeditionsdokumentation. Mach dir eine Notiz zu jedem Feld, während du auf der Expedition bist.
Viel Spaß!

Wenn ich Gott mit meinen Augen suchen wollte, würde ich am ehesten dahin gucken:

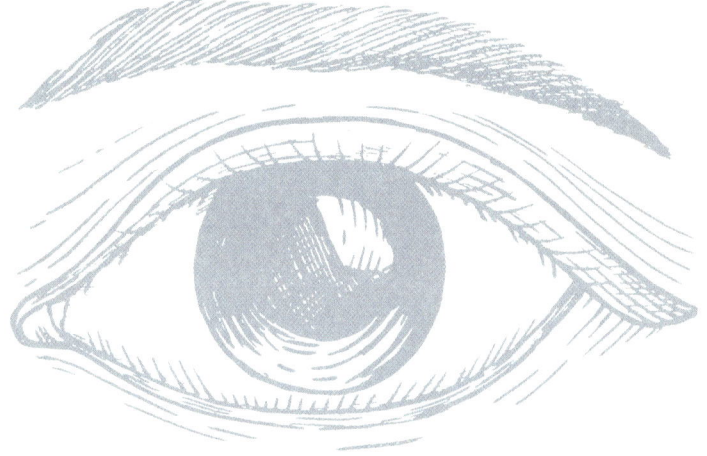

Wenn ich mit Gott in Kontakt treten wollte, würde ich am ehesten Folgendes tun:

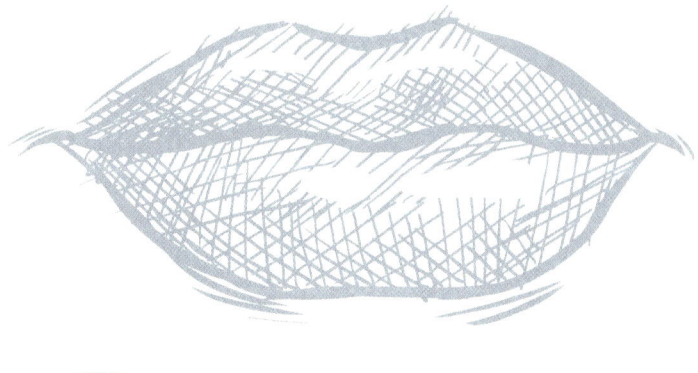

Wenn ich Gott besuchen wollte, würde ich am ehesten da hin gehen.

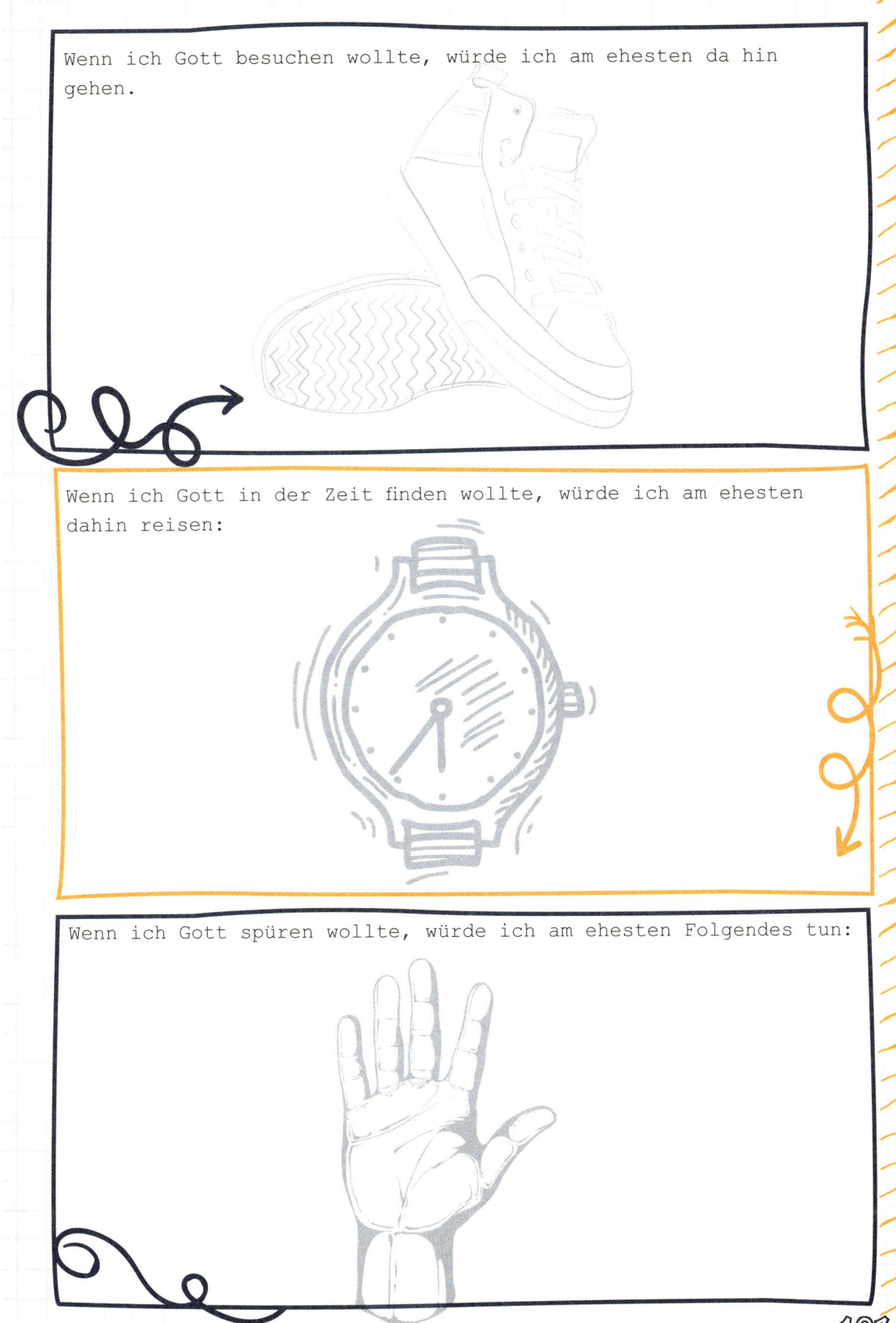

Wenn ich Gott in der Zeit finden wollte, würde ich am ehesten dahin reisen:

Wenn ich Gott spüren wollte, würde ich am ehesten Folgendes tun:

»Lies was, guck was ...«

/Kap1202

... hier kannst du dir ansehen,
was Leon zum Thema sagt.
Viel Spaß!

Zitate von anderen Gottsucher×innen aus der Bibel:

Gott, du bist mein Gott, den ich suche.
Es dürstet meine Seele nach dir,
mein Leib verlangt nach dir
aus trockenem, dürrem Land, wo kein Wasser ist.

Psalm 63,2

Sucht Gott, solange er zu finden ist;
ruft ihn an, solange er nahe ist.

Jesaja 55,6

Gott sagte: Ich ließ mich suchen von denen, die nicht nach mir
fragten, ich ließ mich finden von denen, die mich nicht suchten.
Zu einem Volk, das meinen Namen nicht anrief, sagte ich:
Hier bin ich, hier bin ich!

Jesaja 65,1

JESUS AKTE

Akte Seite 70/71
vervollständigen

NICHT VERGESSEN

»Hier hast du das Sagen ...«

Du hast im Laufe der Expedition fünf Orte gefunden, an denen es aus deiner Sicht Erfolg versprechend sein könnte, nach Gott zu suchen. Gestalte aus diesen Worten ein Bild. Gestalte es bitte so, dass das, was für dich am meisten Erfolg verspricht, am größten, buntesten, grellsten ist, und das, was am wenigsten Erfolg verheißt, am kleinsten usw. Wie du das Bild entwirfst, kannst du selbst entscheiden. Du kannst etwas mit den Buchstaben der Wörter machen, du kannst aber auch deine Wörter in Bilder umsetzen, ganz wie du willst.

Mein Gottsucher-Bild:

Das Vaterunser

Vater unser im Himmel,

   geheiligt werde dein Name.

Dein Reich komme.

   Dein Wille geschehe,

wie im Himmel, so auf Erden.

   Unser tägliches Brot gib uns heute.

Und vergib uns unsere Schuld,

   wie auch wir vergeben unsern

   Schuldigern.

Und führe uns nicht in Versuchung,

   sondern erlöse uns von dem Bösen.

Denn dein ist das Reich

   und die Kraft und die Herrlichkeit

in Ewigkeit.

   Amen.

TRÖSTEN –
wie geht das eigentlich?

»Worum es hier geht ...«

/Kap1301

... hier kannst du dir ansehen,
was Nelli zum Thema sagt.
Viel Spaß!

»Deine Meinung zum Clip«

1. Mach ein Kreuz auf der Linie zwischen den Daumen:
Wie findest du den Clip?

 ———————————————————————

2. Du hast in deinem Leben Menschen erlebt, die Trost gebraucht
haben (du selbst bestimmt auch ...). Du brauchst jetzt eine
Erinnerung an einen solchen Menschen. Such danach! Nimm nicht
die erste Erinnerung, nimm die zweite oder dritte. Halte auf der
nächsten Seite fünf Stichwörter fest, die diese Situation
beschreiben. WICHTIG: Schreib keine Namen auf!

»Mach was ...«

Kasten für die fünf Stichwörter

1. _____

2. _____

3. _____

4. _____

5. _____

Hier ist Platz für einen Satz, den jemand anderes aus deiner
Gruppe für dich schreiben wird; also: frei lassen!

Schneide die Maske aus.

Gib der Maske ein Gesicht. Alle sollen sehen können, wie es dem Menschen geht, an den du denkst.

Tipp: Die fünf Stichwörter auf der Rückseite können dir bei der Gestaltung der Maske helfen.

SPRUCH—reif

Meine Konfispruch-Seite

Deine Konfirmation rückt näher. Jetzt wird's langsam Zeit, einen Spruch zu suchen, den du gut findest, der für dich bedeutsam ist, der dir Wichtiges sagt, wie es zwischen Gott und dir ist und wie das Leben gut wird. Hier kommt eine Auswahl von im wahrsten Sinne des Wortes »guten« Sprüchen aus der Bibel. Natürlich kannst du gerne auch einen anderen Spruch auswählen.

Wie-wird-das-Leben-gut-Sätze

1. Was nützt es dem Menschen, wenn er die ganze Welt gewinnt, aber sein Leben dabei verliert?
   Matthäus-Evangelium, Kapitel 16, Vers 26
2. Die Liebe kennt keine Furcht. Echte Liebe vertreibt die Furcht.
   1. Brief des Johannes, Kapitel 4, Vers 18

Hab-keine-Angst-Sätze

1. Ich habe dir geboten: Sei mutig und stark. Zittere nicht und lass dich nicht verwirren: Gott ist mit dir in allem, worin du deinen Weg machst.
   Josua, Kapitel 1, Vers 9
2. Gott spricht: Hab keine Angst, denn ich habe dich befreit, ich habe deinen Namen gerufen, zu mir gehörst du.
   Jesaja, Kapitel 43, Vers 1

Wer-ich-bin-Sätze

1. Würde ich hoch fliegen, wo das Morgenrot leuchtet, mich niederlassen, wo die Sonne im Meer versinkt: Selbst dort nimmst du mich an die Hand und legst deinen starken Arm um mich. Ich danke dir dafür, dass ich so unglaublich wunderbar geschaffen bin.
   Psalm 139, Verse 9-10.14
2. Gott wird seinen Engeln befehlen, dich zu beschützen, wohin du auch gehst.
   Psalm 91, Vers 11

Hoffnungs-Sätze

1. In Gottes neuer Welt: Gott wird jede Träne abwischen von ihren Augen. Es wird keinen Tod und keine Trauer mehr geben, keine Quälerei und keinen Schmerz.
   Offenbarung des Johannes, Kapitel 21, Vers 4
2. Gott hat uns keinen Geist der Verzagtheit gegeben, sondern einen Geist der Kraft und der liebevollen Zuwendung, einen Geist, der zur Vernunft bringt.
   2. Brief des Timotheus, Kapitel 1, Vers 7

Elia lebte vor knapp 3000 Jahren. Die Bibel beschreibt ihn als einen Menschen, der sein Leben kompromisslos in den Dienst Gottes stellt. Seine Kompromisslosigkeit brachte Elia viel Ärger ein. Auch mit den Mächtigen seiner Zeit, die irgendwann genug von Elia hatten. Sie wollten Elia loswerden und beauftragten seine Ermordung.

Das war für Elia ein Schock. Er hatte fest damit gerechnet, dass sein Gott, für den er so viel getan hatte, ihn beschützen würde. Er war sicher gewesen: Mein Gott ist stärker als die Mächtigen im Land. Keiner und keine kann mir was.

Nun muss er vor den Auftragsmördern der Mächtigen fliehen. Er entkommt in die Einsamkeit der Wüste. Die Bibel erzählt das im 1. Buch der Könige, Kapitel 19 so:

Elia ging einen Tagesmarsch weit in die Wüste. Dort setzte er sich unter einen Ginsterstrauch und wollte nur noch sterben. Er sagte: »Es ist nun genug, Gott, nimm mein Leben, ...« Er legte sich nieder und schlief unter einem Ginsterstrauch ein. Doch plötzlich berührte ihn jemand: »Steh auf, iss!« Da blickte er auf, und wirklich, neben seinem Kopf lag auf glühenden Steinen gebackenes Brot, dazu ein Krug Wasser. Er aß und trank, drehte sich um und legte sich wieder hin.

Da kam jemand zum zweiten Mal und berührte ihn: »Steh auf, iss, denn der Weg, der vor dir liegt, ist weit!« Und er stand auf, aß und trank und ging in der Kraft dieser Speise 40 Tage und 40 Nächte bis zum Gottesberg, dem Horeb.

Dort betrat er eine Höhle und übernachtete darin. Da erging das Wort Gottes an ihn; er sagt zu ihm: »Was machst du hier, Elija?« Er sagte: »Ich habe wirklich eifrig für dich, mein Gott, … , gekämpft. Ich habe nicht akzeptiert, dass meine Landsleute, dein Volk, deinen Bund verlassen, deine Altäre eingerissen und deine Prophetinnen und Propheten mit dem Schwert getötet haben. Nun bin ich allein übrig geblieben – nur ich – und nun versuchen sie, auch mein Leben zu nehmen. Warum hast du mich verlassen, Gott? Warum zeigst du ihnen nicht deine Macht?«

Und Gott sagte: »Geh hinaus und stell dich auf den Berg vor mein Angesicht, denn ich werde an dir vorüberziehen!«

Und es kam ein großer und starker Sturm auf, der Berge abriss und Felsen zerschmetterte – doch im Sturm war Gott nicht. Und dem Sturm folgte ein Beben – doch auch im Beben war Gott nicht. Und dem Beben folgte Feuer – doch im Feuer war Gott nicht. Dem Feuer folgte das Geräusch eines leisen Wehens. Und als Elija dieses hörte, da verhüllte er mit seinem Mantel sein Gesicht, ging hinaus und stellte sich in den Eingang der Höhle. Denn er hatte erkannt: In diesem leisen Wehen war Gott.

/Kap1303

Zu lang zum Lesen?
Hier kannst du dir den Text anhören.

»Lies was, guck was ...«

/Kap1302

... hier kannst du dir ansehen, was Nelli zum Thema sagt. Viel Spaß!

Der Satz zum Trösten aus der Bibel:

GOTT WIRD DICH TRÖSTEN, WIE EINEN SEINE MUTTER TRÖSTET.

Jesaja Kapitel 66, Vers 13

JESUS AKTE
Akte Seite 70/71
vervollständigen
NICHT VERGESSEN

»Hier hast du das Sagen ...«

Was beim Trösten hilft – ein paar Ideen

- ☐ Schokolade essen
- ☐ Mit meinem Vater reden
- ☐ Mit meiner Mutter reden
- ☐ Mit einem Freund/einer Freundin reden
- ☐ Telefonieren mit _____
- ☐ Einen Film gucken – allein
- ☐ Sport machen

Trag hier noch die Dinge ein, für die du gebuzzert hast:

- ☐ _____
- ☐ _____
- ☐ _____
- ☐ _____
- ☐ _____

Welche dieser Möglichkeiten tröstet dich nach deiner Erfahrung
am meisten? Such dir drei Möglichkeiten aus und kreuze sie in
irgendeiner Farbe an.

Welche drei Möglichkeiten würde sich ein Mensch, der dir
besonders lieb ist, aussuchen? Kreuze diese Möglichkeiten in
einer anderen Farbe an. (Kannst ihn oder sie ja bei Gelegenheit
mal fragen, ob du richtig vermutet hast.)

Überleg noch mal: Würdest du jetzt den Trost-Satz verändern,
den du auf die Maske eines anderen/einer anderen aus eurer
Gruppe geschrieben hast? Wenn du eine Idee hast: Geh zu ihr/zu
ihm und ändere den Satz. Frag ihn oder sie, ob er/sie den
neuen Satz auch besser findet und warum.

WHAT'S YOUR STORY

Was glaubst du denn?

»Worum es hier geht ...«

/Kap1401

... hier kannst du dir ansehen,
was Leon zum Thema sagt.
Viel Spaß!

»Deine Meinung zum Clip«

1. Mach ein Kreuz auf der Linie zwischen den Daumen:
Wie findest du den Clip?

 _____

2. Was meinst du: Woran glauben, worauf verlassen sich die
   meisten Menschen auf der Welt:
a) Die Kraft der Liebe
b) Die Macht des Geldes
c) Sich selbst
d) Den Zusammenhalt in der Familie

e) _____

3. Wenn du einen der oben genannten Begriffe auswählen müsstest:
Woran glaubst du? Worauf verlässt du dich in deinem Leben?

_____

»Glaubensbekenntnis: Christentum in aller Kürze ...«

Ich glaube an Gott, den Vater, den Allmächtigen, den Schöpfer des Himmels und der Erde. Und an Jesus Christus seinen eingeborenen Sohn, unsern Herrn, empfangen durch den Heiligen Geist, geboren von der Jungfrau Maria, gelitten unter Pontius Pilatus, gekreuzigt, gestorben und begraben, hinabgestiegen in das Reich des Todes, am dritten Tage auferstanden von den Toten, aufgefahren in den Himmel; er sitzt zur Rechten Gottes, des allmächtigen Vaters; von dort wird er kommen, zu richten die Lebenden und die Toten. Ich glaube an den Heiligen Geist, die heilige christliche Kirche, Gemeinschaft der Heiligen, Vergebung der Sünden, Auferstehung der Toten und das ewige Leben. Amen.

Das Glaubensbekenntnis ist ein
ziemlich komplizierter Text.
Willst du wissen, warum das so ist?

/Kap1403

»Remember ...«

GOTT mach
dir (k) ein
BILD

Was mir wichtig ist /
was ich nicht vergessen will:

(Teil 1)

Wie wird das
LEBEN
gut?

(Teil 2)

Wie wird das
LEBEN
gut?

Beten
? ist
wie...

NEUGIERIG
auf Kirche !?

WER
bist du wirklich?

»Remember ...«

Wie wird das **Leben** gut? (Teil 3)

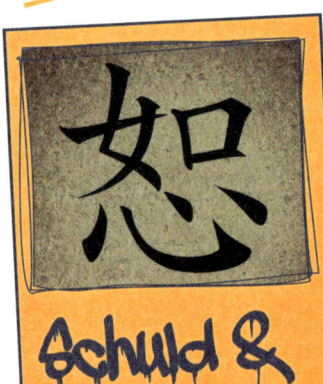

Schuld & Vergebung

TRÖSTEN – wie geht das eigentlich?

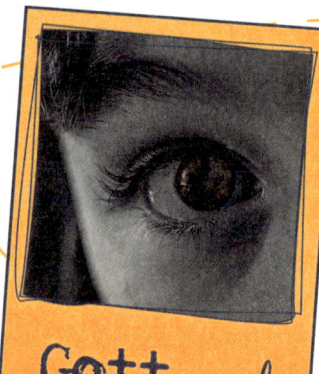

Gott und das **Leiden**

WHAT'S YOUR STORY

Was **glaubst** du denn?

DER PROZESS

Gibt's **GOTT** wirklich?

TOD und was DANN?

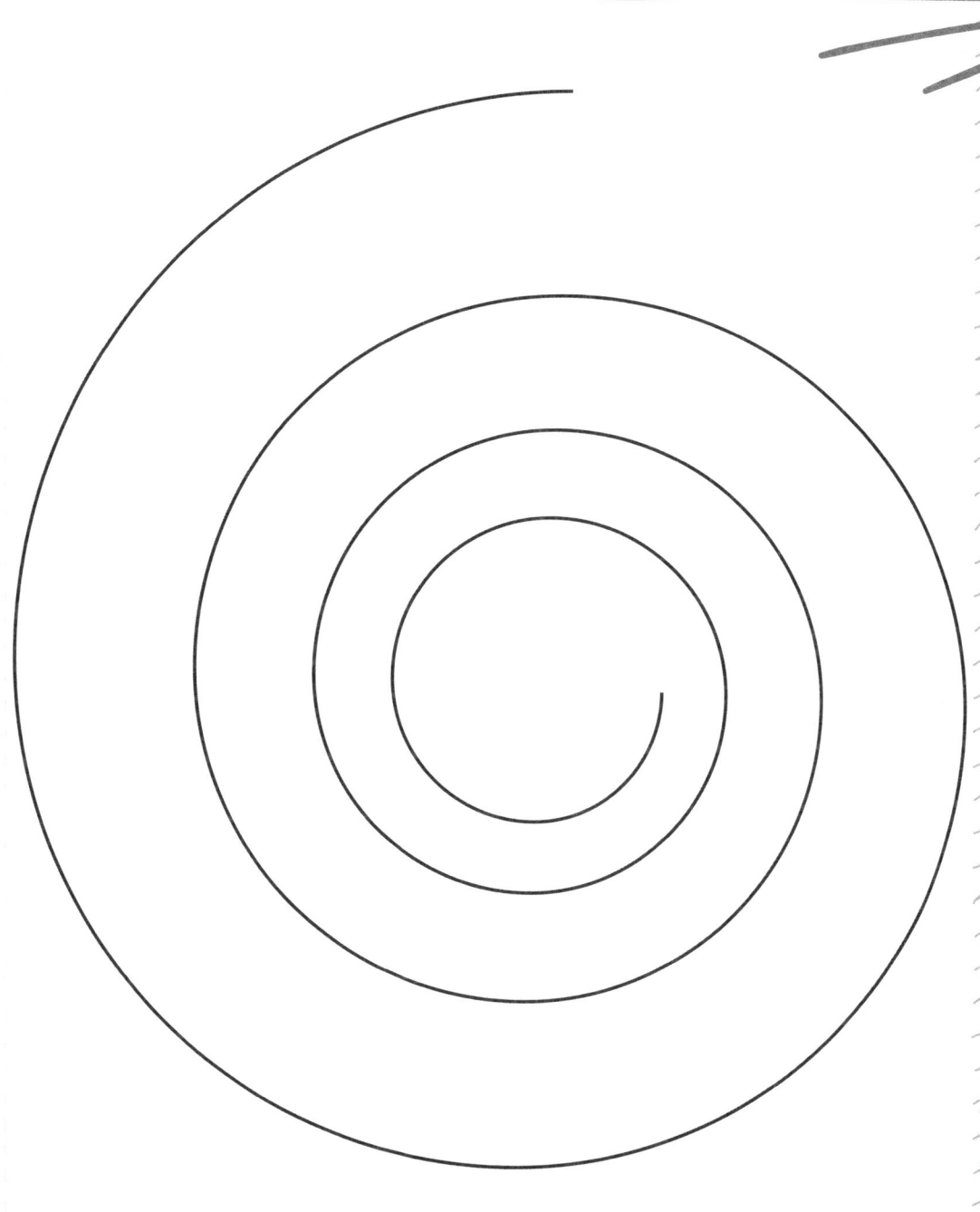

»Adieu ...«

... oder auf Deutsch: Bleibt behütet!

/Kap1501

Adieu

JESUS AKTE

Akte Seite 70/71 vervollständigen

NICHT VERGESSEN

ABENDMAHL

Eine Handlung im christlichen Gottesdienst, bei der Christen und Christinnen Brot und Wein miteinander teilen. Diese Handlung erinnert Christen daran, wie Jesus mit allen möglichen und unmöglichen Menschen zusammen gegessen hat. Mit Jesus zu essen, scheint eine besondere Erfahrung gewesen zu sein: Viele Menschen haben das so erlebt, als ob sie bei Gott selbst am Tisch sitzen.

Bevor Jesus hingerichtet wurde, hat er seinen Jüngern und Jüngerinnen gesagt: »Ihr sollt auch weiterhin zusammen essen. Wenn ihr das tut, werdet ihr merken: Ich bin euch so nah wie das Brot, das ihr esst, und der Wein, den ihr trinkt.«

ALTAR

Bezeichnung für den Tisch, der in allen christlichen Kirchen irgendwo vorn steht – meistens liegen eine Bibel und ein Kreuz darauf. In anderen Religionen gibt es auch einen Altar. Dort wird er teilweise zum Opfern von Tieren benutzt. Im Christentum ist das nicht so. Fragt euren Pfarrer oder eure Pfarrerin, warum nicht.

ALTES TESTAMENT

So bezeichnen Christen das heilige Buch der Juden. Es erzählt die Liebesgeschichte Gottes mit dem Volk Israel. Christen glauben, dass Jesus alle Menschen in diese Liebesgeschichte Gottes hineingezogen hat. Deshalb lesen auch Christen im Alten Testament.

AMEN

Ein hebräisches Wort. Hebräisch ist die Sprache, in der die meisten Teile des Alten Testaments geschrieben worden sind. Das Wort »Amen« bedeutet: »So soll es sein!«

APOSTOLISCHES GLAUBENSBEKENNTNIS

Eine ganz kurze Zusammenfassung des christlichen Glaubens. Vorläufer des apostolischen Glaubensbekenntnisses gibt es schon seit ungefähr 1900 Jahren. Müsst ihr alles glauben, was im Glaubensbekenntnis steht? Fragt euren Pfarrer oder eure Pfarrerin mal danach.

CHRISTUS

Ein griechisches Wort für ein hebräisches Wort – nämlich für das Wort »Messias«.

CREDO

Ein lateinisches Wort. Es bedeutet »Ich glaube«. Die lateinische Fassung des apostolischen Glaubensbekenntnisses fängt mit diesem Wort an.

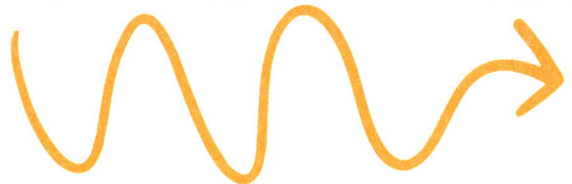

ENGEL

In der Bibel gibt es eine ganze Menge unterschiedlicher Vorstellungen davon, was ein Engel ist. Meistens ist ein Engel jemand, der Menschen genau das sagt, was Gott selbst ihnen zu sagen hat. Oft sind die ersten Worte eines Engels in der Bibel: »Fürchte dich nicht!«

EVANGELIUM

Ursprünglich ein griechisches Wort. Es bedeutet »Gute Nachricht«. Im Neuen Testament ist »Evangelium« so etwas wie eine Überschrift für alles, was mit Jesus zu tun hat. Außerdem ist das Wort zu einem Namen für die Bücher geworden, die vom Leben Jesu erzählen. Im Neuen Testament gibt es davon vier. Sie tragen die Namen ihrer angeblichen Verfasser: Matthäus, Markus, Lukas und … Schaut doch mal nach!

HALLELUJA

Ein hebräisches Wort. Es bedeutet »Lobt JHWH«.

HEILIGER GEIST

Hat nichts zu tun mit Gespenstern oder Zombies. Mit diesem Wort erklären sich Christen die Art und Weise, wie Gott in der Welt wirkt. Man könnte auch von Gottes Kraft oder Gottes Energie reden.

JHWH

Mit diesen vier Buchstaben bezeichnet das Alte Testament Gott. Für Juden ist dieser Name Gottes so heilig wie Gott selbst. Sie sagen ihn deshalb niemals laut. Was er bedeutet, könnt ihr hier nachschlagen: 2. Buch Mose (= Exodus), Kapitel 3, Vers 14. Das ist im Alten Testament, ziemlich weit vorne.

JÜNGER/JÜNGERIN

Ein altmodisches deutsches Wort für die engsten Vertrauten von Jesus. Unter ihnen gab es Männer und Frauen. Mit 12 Jüngern scheint Jesus ständig durch seine Heimat gezogen zu sein.

KANZEL

So heißt der Ort, von dem aus die Predigt im Gottesdienst gehalten wird. Oft ist die Kanzel etwas erhöht, damit man den Prediger oder die Predigerin gut sehen und hören kann.

KIRCHE

Erste Bedeutung: das Gebäude, in dem Christen und Christinnen Gottesdienst feiern. Es gibt eine ganze Menge von uralten Regeln, nach denen diese Gebäude gebaut werden. Fragt euren Pfarrer oder eure Pfarrerin mal danach.

Zweite Bedeutung: die Organisation, die dafür sorgt, dass Menschen ihren christlichen Glauben leben können.

Dritte Bedeutung: die Gemeinschaft aller Menschen, die glauben: Gott ist genauso wie Jesus, weil Jesus ganz und gar zu Gott gehört.

KREUZIGUNG

Hinrichtungsmethode im römischen Reich - so wie heute der elektrische Stuhl oder der Galgen. Für schwere Verbrechen wurde als Strafe die Kreuzigung verhängt.

LITURGIE

Christliche Gottesdienste haben einen festen Ablauf. Dieser Ablauf wird »Liturgie« genannt.

MESSIAS

Ein hebräisches Wort. Auf Griechisch übersetzt heißt es »Christus«. Es bedeutet »Gesalbter«. Im Alten Testament bezeichnet das Wort »Messias« denjenigen, der dafür sorgt, dass Gottes Versprechen an sein Volk in Erfüllung gehen. Christen glauben, dass Jesus genau dafür gesorgt hat. Deshalb geben sie ihm den Beinamen »Christus«.

NEUES TESTAMENT

Eine Sammlung von 27 Schriften, die nach dem Tod und der Begegnung mit dem auferstandenen Jesus (Ostern) zusammengestellt worden sind. In dieser Sammlung gibt es vier Evangelien, eine Geschichte der ersten Christen, jede Menge Briefe (z.B. von Paulus) und eine Zusammenstellung von Visionen (das Buch heißt: Offenbarung des Johannes; ganz am Ende des Neuen Testaments). Zusammen mit dem Alten (Ersten) Testament bildet das Neue Testament die Bibel der Christen. Die Erfahrungen mit Gott, von denen die Bibel erzählt, helfen Christen, genau zu beschreiben, wie Gott zu uns Menschen ist.

OSTERN

Seit fast 2ooo Jahren erzählen sich Christen am Osterfest die Geschichten davon, was die Jüngerinnen und Jünger Jesu nach seiner Kreuzigung erlebt haben: »Jesus ist nicht tot! Obwohl er am Kreuz gestorben ist, ist Jesus eine lebendige Kraft in unserem Leben.« Im Erzählen dieser Geschichten feiern Christen und Christinnen, dass Gott stärker ist als der Tod.

PASSAHFEST

Ein jüdisches Fest. An diesem Fest erzählen sich Juden die Geschichte von der Befreiung der Israeliten aus der Sklaverei in Ägypten. Könnt ihr in der Bibel nachlesen (Altes Testament, 2. Buch Mose, Kap. 1-12).

PASSION

Ein lateinisches Wort für »Leiden«. Es wird als Überschrift für die Geschichte von der Gefangennahme, Verurteilung, Folterung und Hinrichtung Jesus benutzt.

PFINGSTFEST

Am Pfingstfest erinnern sich Christen und Christinnen daran, dass Gott durch seinen Heiligen Geist in dieser Welt wirkt. Sie erinnern sich daran, indem sie sich eine Geschichte erzählen, die dieses Wirken Gottes beschreibt. Ihr findet sie im zweiten Kapitel der Apostelgeschichte im Neuen Testament (direkt hinter dem Evangelium von Johannes).

PROPHET/PROPHETIN

So nennt das Alte Testament einen Mann oder eine Frau, die sagen können, was Gott in Zukunft tun wird.

SAMARITER

Eine mit den Juden verwandte Volksgruppe, die nördlich von der Heimat Jesu lebte. Das Verhältnis zwischen Juden und Samaritern war aus religiösen Gründen angespannt. Wenn möglich, machte man einen Bogen umeinander.

TALAR

Name für die Berufskleidung eines Pfarrers oder einer Pfarrerin. Fragt doch mal bei eurem Pfarrer oder eurer Pfarrerin nach, ob ihr deren Talar mal anprobieren dürft.

TAUFE

Eine Handlung in einem christlichen Gottesdienst, bei dem einem Menschen Wasser über den Kopf gegossen und dabei Gott angerufen wird. Mit dieser Handlung wird ein Mensch in die Gemeinschaft aller Christen mit Gott aufgenommen.

TRINITÄT

Christen und Christinnen glauben an einen einzigen Gott. Von diesem einen Gott sagen sie: Er ist Vater, Sohn und Heiliger Geist. Damit bringen sie zum Ausdruck: Gott ist unser Schöpfer (= Vater). Er hat diese Welt und uns Menschen gewollt. Wir sind kein Zufall der Natur. Gott ist unser Erlöser (= Sohn). Unser Leben läuft nicht einfach in die endlose Dunkelheit unseres Todes. Gott ist stärker als der Tod und erlöst uns von dessen Macht. Gott ist eine wirksame Kraft in dieser Welt (= Geist). Er ist nicht irgendwo in einem weit entfernten Jenseits und guckt unbeteiligt zu, was hier so passiert. Gott ist vielmehr hier und jetzt bei uns.

»Feedback-Bogen«

Du bist jetzt am Ende deiner Konfirmand*innenzeit angekommen. Zeit, um zurückzuschauen und zu überlegen, ob die Konfizeit gehalten hat, was du dir versprochen hast.

Mit dieser Seite hast du die Möglichkeit, denen eine Rückmeldung zu geben, die für deine Konfizeit verantwortlich waren. Deine Meinung wird ihnen helfen herauszufinden, was gut war und was nicht. Nimm dir Zeit beim Ausfüllen. Versuche so ehrlich und offen zu sein wie möglich.

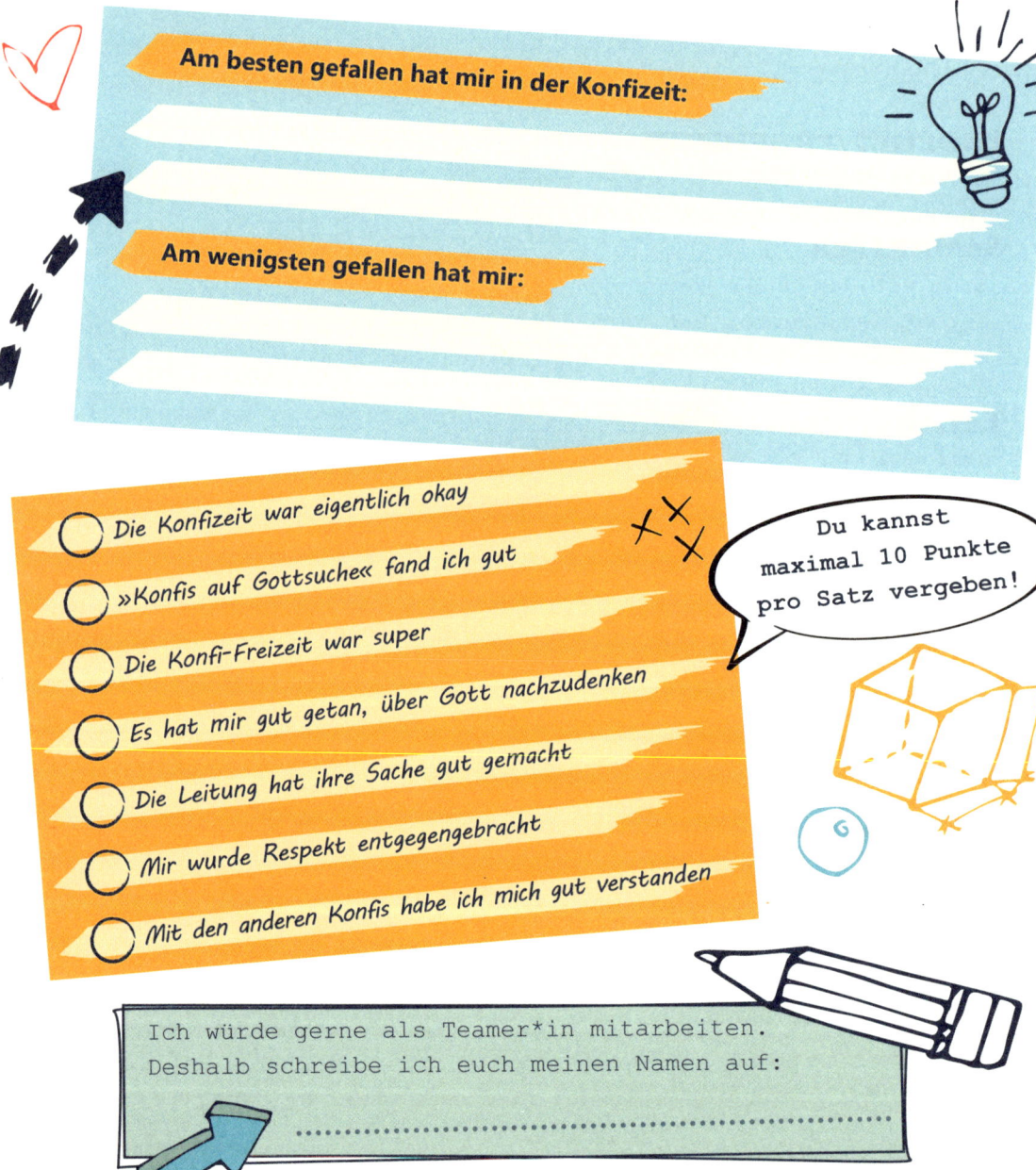

Am besten gefallen hat mir in der Konfizeit:

Am wenigsten gefallen hat mir:

○ Die Konfizeit war eigentlich okay

○ »Konfis auf Gottsuche« fand ich gut

○ Die Konfi-Freizeit war super

○ Es hat mir gut getan, über Gott nachzudenken

○ Die Leitung hat ihre Sache gut gemacht

○ Mir wurde Respekt entgegengebracht

○ Mit den anderen Konfis habe ich mich gut verstanden

Du kannst maximal 10 Punkte pro Satz vergeben!

Ich würde gerne als Teamer*in mitarbeiten. Deshalb schreibe ich euch meinen Namen auf:

....